U0928426

MMUSEUM 世界著名博物馆之旅系列

冬宫博物馆巡礼

Э·Р·М·И·Т·А·Ж

李　惠◎编著

上海交通大学出版社
SHANGHAI JIAO TONG UNIVERSITY PRESS

内容提要

冬宫即埃尔米塔什博物馆是俄罗斯涅瓦河畔的一颗明珠，也是世界四大博物馆之一。本书以五条精心设定的导览路线为主线，引领读者领略冬宫博物馆的迷人风采。宫殿建筑群的营建历史和艺术价值、俄罗斯罗曼诺夫王朝数百年的荣辱兴衰、博物馆各种精美工艺品以及藏品背后曲折动人的故事、馆内陈列的欧洲美术史上诸多第一流油画和雕塑以及创造它们的历代艺术巨匠，本书皆流畅有序、娓娓道来。本书文笔简练、配图精美，对提高读者的人文、艺术修养甚有裨益。

图书在版编目（CPI）数据

冬宫博物馆巡礼 / 李惠编著. — 上海：上海交通大学出版社，2014

（世界著名博物馆之旅系列）ISBN 978-7-313-09707-1

Ⅰ. ①冬… Ⅱ. ①李… Ⅲ. ①博物馆－介绍－俄罗斯 ②历史文物－介绍－俄罗斯

Ⅳ. ①G269.512 ②K885.12

中国版本图书馆CIP数据核字（2013）第096305号

冬宫博物馆巡礼

编　　著：李惠

出版发行：上海交通大学出版社　　地　　址：上海市番禺路951号

邮政编码：200030　　电　　话：021-64071208

出 版 人：韩建民

印　　制：上海景条印刷有限公司　　经　　销：全国新华书店

开　　本：787mm×1092mm 1/16　　印　　张：10

字　　数：138千字

版　　次：2014年4月第1版　　印　　次：2014年4月第1次印刷

书　　号：ISBN 978-7-313-09707-1/G

定　　价：42.00元

序　言

提起埃尔米塔什，我想大部分人都会感到这个绕口的名字是陌生的。但是，如果说到她另外的一个名字——冬宫，那很多人都会说："哦，就是那个老电影《列宁在十月》，那个阿芙乐尔号巡洋舰炮打冬宫的'冬宫'吧！"没错。这个名字在老的苏联电影里出现过，那个曾经在布尔什维克眼中如此刺眼，在银幕中稍显狼狈，在一个特殊的年代里让很多中国人热血沸腾的符号。

费尔金纳德·维克多·贝罗(1808~1841)。从西北角看冬宫的景象。1841年，水彩画。

时隔近百年，布尔什维克从沙皇手中占领后的冬宫如今怎样了呢？是不是也像苏联一样解体，失去了往日的辉煌？她是否还能代表着红色政权的胜利，是否还值得我们父辈们为之激情高昂？这些一直伴随着“冬宫”这个名字的疑问，我们不去探访，不去追忆，因为，在经历过时光打磨后的冬宫，她的价值不仅仅是1917年那场红色革命能代表的。

17、18世纪，当欧洲的帝国纷纷崛起，宫殿便成了帝王、皇妃、权臣这些统治阶级的大舞台，欧洲的宫殿开始越来越有特色。罗马、哥特、巴洛克、洛可可等风格愈演愈烈。逐渐的，各式各样的宫殿成为了人类历史脉络的重要组成部分。

罗曼诺夫王朝的沙皇彼得一世，在游历先进的欧洲之后，对落后贫穷的俄罗斯开始了“大换血”。引进欧洲先进的文化技术，宫殿建筑当然是其中之一。俄罗斯从此远离了粗陋的木质建筑，开始走进石料建筑时代。而冬宫，确实是发挥了承上启下的重要作用。

冬宫不仅仅是一座宫殿，我们姑且可以称之为建筑群。这座建筑群一共由5座建筑物组成，按时间先后分别是：冬宫、小埃尔米塔什、大（老）埃

左：雕塑作品
右：宫殿内部

上:雕塑作品
中:二十神柱大厅
下:入口

尔米塔什、埃尔米塔什剧院以及新埃尔米塔什。她们历经两位沙皇及两位女皇才完工。彼得大帝对此做出了构想及最早期的冬宫的建造。虽然最后已经看不到彼得大帝时期的冬宫，但是他的想法被他的女儿伊丽莎白女皇及孙媳妇叶卡捷琳娜二世发扬光大。而尼古拉一世的重新整理及修建，更是让冬宫建筑群成为俄罗斯历史辉煌的代表。

本书将分四条路线，其一，带大家寻访沙皇的足迹。踏上约旦大使阶梯，想象自己是外国来使，从入口处近卫军站岗的陆军元帅大厅开始，感受沙皇统治下的俄罗斯罗曼诺夫王朝的荣辱历程。其二，漫步在叶卡捷琳娜二世修建的小埃尔米塔什直至大（老）埃尔米塔什，并在 18 世纪建造的宫殿中欣赏文艺复兴时期的艺术精髓，领略冬宫的镇宫之宝。其三，在尼古拉一世修建的新埃尔米塔什里回顾佛兰德斯艺术的精华，古希腊古罗马雕塑为我们引路，不管是晕眩于气势磅礴的鲁本斯巴洛克绘画，还是出神于伦勃朗画作明暗对比的神秘光影前，埃尔米塔什里的作品都能让你回味无穷。其四，穿过层层阶梯，经过重重走廊，我们来到第三层，最远古的文化产物和最近代的绘画艺术在这里等候大家。在这 9 万平方米中体验艺术家们留下来的精髓。短短百来页的文字当然叙述不完冬宫的艺术魅力，我们只能在严肃的历史背景和文化背景下，从轻松的角度，为大家简单解析艺术的魅力。

冬宫，这是座承载俄罗斯罗曼诺夫王朝兴衰的宫殿，见证俄罗斯红色政权推翻白色政权政治变革的宫殿，肩负让俄罗斯与世界互相了解的历史重任的宫殿，让我们开始冬宫之旅吧。

目 · 录

第一章

圣彼得堡的形成

世界上有这样一座城市，当我们乘着小船，在河道里穿行，欣赏河岸边秀丽的风光，迎面扑来波罗的海的海风，我们会感觉置身在威尼斯，却比威尼斯更加壮丽；当我们漫步在繁华的商业大街，感受街头艺人的音乐热情，停留在画布前，欣赏画家的妙手怎样促成一幅油画，或是走进街边的商铺，让琳琅满目的商品占据视线，就像来到法国的香榭丽舍大街一样，目不暇接；又当离开繁华的商业街，步行在弯曲蔓延的小街，被周围古老的建筑包围着，品味着前人走过的石板路，文化名人驻足过的桥梁河边，散发着时间味道的古老房屋，我们仿佛到达了欧洲古老的小镇。其实，她的正确的位置是在接近北极圈的北纬 59 度 55 分，东经 30 度 25 分！

在这里，我们并没有被严寒侵蚀，反而被当地的文化积淀温暖着；我们并没有因为身处寒带而变得冰冷，反而被这里的热情民俗融化着。是的，这就是圣彼得堡——俄罗斯最值得到访的城市，俄罗斯最值得留恋的城市，俄罗斯最大的海港以及俄罗斯最美丽的“北方威尼斯”。

圣彼得堡罗教堂是圣彼得堡代表性建筑

这个座落在幅员辽阔的俄罗斯西北部、濒临波罗的海芬兰湾东南岸边的“天使之城”，拥有着寓意深长的名字。掌管天堂入口钥匙的天使长彼得的名字被城

上:涅瓦河　　下:圣彼得堡莫伊卡河

市所用，成就了圣彼得堡的神秘和梦幻。她的名字还有另外的两个意义，“石头之城”和“彼得之城”。这座城市虽然被上帝保佑、天使眷顾，但在城市的胚胎时期，却没有一块石头。“彼得”被希腊人理解成“石头”，这座没有石头的城市，却完全是由石头建造的，神秘的“石头之城”，意味着圣彼得堡曾经所发生过的奇迹。至于“彼得之城”，就要归功于城市的建造者彼得大帝（1672～1725 年），他带来了士兵，带来了石头，带来了权力，带来了奇迹。没有他，就没有圣彼得堡，也没有俄罗斯的兴衰荣辱，更没有接下来发生的故事……

彼得大帝

彼得·阿列克谢耶维奇，1672 年出生于莫斯科，当时的俄罗斯还处于相当落后及封闭的时代。1669 年，沙皇阿列克谢·米哈伊洛维奇在妻子玛丽去世之后，曾一蹶不振，玛丽为他生育的孩子中就剩下两个儿子和六个女儿。作为皇位的继承者，阿列克谢的两位皇子并不十分令自己满意。费多尔体弱多病，单薄的身子骨能被皇袍淹没。而伊凡却又是另一番景象，时而癫痫发作，时而苦恼不已，俄罗斯的明天是沙皇最为担忧的问题。

过了两年，为了俄罗斯的强大，阿列克谢决定再次结婚。当举国上下的贵族姑娘们还在纷纷展示自己的年轻与美貌时，阿列克谢早已心定自己的宠臣阿尔塔蒙·马特维耶夫的养女纳塔利娅·纳雷什金。未来的皇后拥有高挑的身材、白皙的皮肤，是位美貌与品德兼备的好姑娘。这位皇后来到克里姆林宫之后，犹如清泉注入一般，给皇宫上下带来了一片新的景象。

就在 1672 年 5 月 30 日这天，克里姆林宫内的圣母升天大教堂，用钟声告诉民众皇室添丁。彼得·阿列克谢耶维奇开始了他传奇的一生。

彼得的降临，是沙皇阿列克谢最为开心的时刻。这位小皇子活泼健康，和其他皇子们完全两样。俄罗斯的明天无疑又充满了希望。

老沙皇去世之后，按规定，由费多尔继承了皇位。可惜好景不长，这位

彼得大帝

沙皇的身体在日理万机的繁忙国事中变得更加不堪一击。就在费多尔弥留之际，皇宫上下出现了两大势力争权的景象，一派是由费多尔的姐姐索菲亚公主带领，支持弟弟伊凡登基的米罗斯拉夫斯基家族；另一派则是支持费多尔同父异母的弟弟彼得登基的纳雷什金家族。

在争夺皇位的斗争中，年仅 10 岁的彼得目睹了血腥暴力，他起先是害怕，后来却对暴力产生浓厚兴趣。这与日后他性格的形成密不可分。

最后，由 10 岁的彼得和 16 岁的伊凡同时加冕为沙皇，姐姐索菲亚成为女摄政王。

在女摄政王的眼中，彼得和他的母亲无疑是她的眼中钉，手下的大臣也劝她将他们处死，不过，为了自己的良心不受谴责，索菲亚决定将这对母子调离莫斯科，到郊区农村里过普通人的生活，也希望这样一来对自己的地位没有隐患。

被女摄政王赶出莫斯科后，彼得和母亲一直居住在郊外的小村庄里。在那里，彼得过着和普通人一样的生活，唯独对于军事和科学很感兴趣。他带领着同龄的孩子们玩征战游戏，和周围落难的欧洲贵族讨论科学，接受欧洲思想。这为他以后顺利夺取皇位打下了基础。

莫斯科克里姆林宫内，女摄政王被国事缠绕得焦头烂额，而年轻聪明的彼得却展现出了与其年龄不符的成熟与稳重。在残酷的宫廷斗争中，彼得终于夺取了皇位。

17 岁的沙皇彼得·阿列克谢耶维奇，无论再怎么聪明好学，机智过人，骨子里毕竟还是个孩子，贪玩的本性在上任的前几年暴露无遗。民众大臣纷纷怀疑自己当时的投靠是否正确，而彼得身边的亲信也相继离去。再加上在与土耳其战争中耗尽财力和人力，那两年，大家几乎沉默寡言。西方的传染病也悄悄地传入了俄罗斯。年轻的彼得没有在乎民意的得失，他认为要做大事，这些都是必要的牺牲。之后，他又做出了更大的决定，为了俄罗斯的发展，为了把俄罗斯从贫穷落后的淤泥中带出来，彼得决定出访欧洲，向那些国家学习先进的知识，特别是领先的航海技术，为以后俄罗斯帝国成为海上强国，走向繁荣，打下基础。

在近两年的出访中，彼得在欧洲将自己变身为地位低下的平民，以便更好地和技师、木匠学本领、拉关系。同时，彼得也结识了很多上层阶级，在他看来，法国的语言、服装还有宫廷礼仪是最值得俄罗斯学习的，还有那些建筑，彼得也拜访了很多的建筑设计师，交流经验，汲取新事。在他充满好奇的头脑里埋下了无数细微的种子。

回到俄罗斯，彼得开始了“大换血”。对于俄罗斯人来说，丢掉祖宗的规矩是比剥夺生命更加残酷的事。彼得开始采用强制手段实施新政，激起民众的愤慨。还是那句话，“要做大事，这些都是必要的牺牲。”从此，俄罗斯人开始过欧洲人的新年，把 1 月 1 日定为一年的开始(在传统里，俄罗斯人认为 9 月 1 日是上帝缔造世界的时间，那才是新年的开始)。穿德国人或者法国人的服装，(传统的俄罗斯人是穿一件从脖子到脚踝的一个大袍子，冬天再在外面加穿几件大袍子或者是皮毛大衣。在彼得看来，那对于劳作是非常不便的)。男人将胡须剪掉(俄罗斯男人的胡须是男性形象的象征，并且那些圣徒都是留有胡子的，这是上帝恩赐的装饰品。在彼得看来，这种说法就是愚昧、无知、迷信的)。彼得倔强地将俄罗斯从黑暗的过去，带入到他从西方寻找到的光明中。

建造圣彼得堡

不仅如此，在与瑞典人的作战中，彼得夺取了一块军事要地，就是今天的圣彼得堡。这个占据波罗的海芬兰湾 70%面积的出海口，是俄罗斯进入西方最快的要道。彼得为此坚持了 21 年，获得北方战争的胜利。

就在 1703 年建城之时，这是一片荒芜的沼泽。短短几十年，将沼泽变成石城，是沙皇彼得的意志和心愿。在他看来，建一座新城，是彻底将俄罗斯拯救出来的唯一方法，这座城一定要有荷兰阿姆斯特丹那种水路交织的美景，要有法国巴黎笔直宽阔的道路和两旁大气优雅的建筑。而在沼泽地上建城都有着最大的困难：洪水、地基、自然条件以及其他各种扑面而来的问题。彼得自有自己的办法，为了远离莫斯科，那个在彼得心目中历代沙皇居住的地方，充斥着阴谋、落后、迷信的氛围，让他难以忍受的大陆性气候，还有那个让他厌恶的狂妄自大的索菲亚公主，一切问题都能迎刃而解。石料的到来，欧洲设计师的到来，大批劳工的到来，为了这座新城，付出的又岂止是汗水。这座被人称为血的巴比伦的城市在暴力、智慧、血汗中孕育生长。

1712年，彼得大帝终于完成了自己的心愿，远离莫斯科，将首都迁至圣彼得堡。之后，这座新城开始繁荣，货船的停泊，带来了欧洲新的物资，各国大使的到来，为俄罗斯的外交打开新的局面，贵族纷纷开始过上欧洲人的生活，旧俄罗斯一切的陋习在圣彼得堡日渐消失，取而代之的是一批新一代的俄罗斯人，具有某些欧洲气息的俄罗斯人。

这位扭转俄罗斯历史的沙皇，成就俄罗斯帝国的沙皇，在繁重的国事中逐渐衰老，最后积劳成疾，病逝。人们在抱怨他暴力专制、不顾民生的同时，也在赞叹他留下的丰功伟绩。

三易其名

今天的圣彼得堡，已经经历过沙皇的统治，接受过红色苏维埃的洗礼，穿越过苏联解体的动荡，城市的名字也随着历史的变迁而三易其名。

1914年，第一次世界大战爆发，俄罗斯反德情绪高涨，“圣彼得堡”的城市命名充满着日耳曼语的色彩，“堡”是德语中“城市的意思”。于是为了和德国划清界限，“圣彼得堡”更名为“彼得格勒”，寓意“彼得的城市”。“格勒”在俄语中是“城市”的意思，这样整个城市由内而外成为了完完全全的沙俄的城市。1917年十月革命爆发，彼得格勒笼罩在红色政权下，经历着历史的变革。1924年，列宁去世，为了纪念这位伟人，将“彼得格勒”更名为“列宁格勒”，取意“列宁的城市”。从此伟人列宁和他战斗过的土地再也不分开了。

列宁格勒从开始到结束是苏维埃时期的见证。1991年，苏联解体，经过全城人投票，超过半数人决定，将城市的名字恢复最早的叫法，就像要忘掉这座城市经历的种种兴衰和伤痛，回到当年的繁荣过往一样。“圣彼得堡”再次被人们叫响。

圣彼得堡街景

300多年的历史，对于一座城市并不算长，用年轻来形容也不为过。但是千万别小看这座城市，与之年龄相辅的内容沉淀才是这座城市的魅力所在。

让我们来鸟瞰一下这座历史之城，拥有44座岛屿，300多条姿态婀娜的河流穿梭在岛屿中，连接河两岸的500多座桥不仅给行人带来了方便，也给文人墨客更多驻足与思考的灵感。和圣彼得堡紧密联系的还有他的子民们，伟大的俄罗斯诗人普希金、著名作家陀思妥耶夫斯基、契诃夫、高尔基、果戈里，都在彼得堡的大街小巷留下了自己的足迹。可以说过往的人们无不在丰富她的历史，润色她的美丽。

就是这座伟大的历史名城，生长于这样复杂的历史背景下，像一艘大船，在海浪的拍打中起伏；在沙皇的意志下坚固；在人民的推动下前行。至今，这艘大船，仍然扮演着将俄罗斯带到欧洲的重要任务。也是俄罗斯向世界展示魅力的重要舞台。

冬宫的形成

彼得大帝的冬宫

圣彼得堡拥有宽阔的母亲河涅瓦河，它起源于欧洲第一大淡水湖拉多加湖，流经圣彼得堡，注入波罗的海芬兰湾。可以说这条河流蕴藏着城市迷人的力量，并在河的两岸慢慢地向世人释放。

早在彼得大帝时期，就已经选择沿着涅瓦河岸修建自己的宫殿。最早修建的冬宫，就屹立在此。（后来，为了对宫殿进行改造，当年彼得大帝时期的冬宫成了今日的冬宫剧院，也叫埃尔米塔什剧院。）怀揣伟大理想和志愿的彼得大帝最终积劳成疾，与世长辞。他的女儿伊丽莎白（1741～1761 年在位）继承父亲的意愿，将宫殿扩大，请来意大利著名的设计师巴托罗密欧·弗朗西斯科·拉斯特雷利（1700～1771 年）主持设计，为自己建造一座繁复华丽的巴洛克风格宫殿。并且她希望能沿着涅瓦河岸、朝海军部大厦方向修建。

只可惜建造的时间超过了伊丽莎白女皇的等待，女皇也相继离去。继承者彼得三世对这样的工程毫无兴趣可言，被妻子叶卡捷琳娜二世（1762～1796 年在位）发动宫廷政变被迫退位之后，涅瓦河畔的这座宫殿才又得以重生，并且开始着手宫殿内部的装潢。可以说，著名的冬宫（1754～1762 年兴建的）是在彼得大帝的提议下，伊丽莎白女皇确定建筑方案及实施工程，叶卡捷琳娜二世将其发扬光大的。

冬宫，冬天的宫殿。这样的名字，对于一年 12 个月、近 6 个月处于冬天的圣彼得堡，是再合适不过了。被冬天喜爱的圣彼得堡，有座冬宫，是不是令人向往呢？而她的开始，是和一位女皇分不开的。

叶卡捷琳娜大帝的冬宫及埃尔米塔什

俄罗斯罗曼诺夫王朝有两位沙皇被称为大帝，一位是彼得大帝，圣彼得堡的建造者，另一位就是具有日耳曼血统的德国女人，叶卡捷琳娜二世（史称叶卡捷琳娜大帝）。这位俄国女皇（1729～1796 年）原名索菲亚·弗

冬宫

冬宫广场亚历山大纪念柱及皇宫凯旋门

冬宫入口处，戈尔诺斯塔耶夫设计，1880 年

冬宫入口处大门细节

雷德里卡·奥古斯塔，她出生于德国一个军官家庭。由于政治原因，早在彼得大帝时期就曾将自己的女儿嫁给德国的君臣作为联姻，因为当时的德国是占据波罗的海最大面积的国家。于是传统一直保留下来，因此，这位德国女人嫁到了俄罗斯。她聪明伶俐，乖巧懂事，在短时间内赢得皇宫上下的喜爱，她对语言极其富有天份，不久，就能用俄语对答如流，也给自己取了个非常美丽的俄国名字——叶卡捷琳娜，这个名字也是她祖母的名字——彼得大帝的妻子叶卡捷琳娜一世。并且皈依东正教，成为一个真正的俄罗斯人。而他的丈夫对她并不是十分喜爱，反而常常在大臣宫女面前羞辱她、反对她。于是这位看似弱小的女子开始了报复。她利用自己的美貌赢得大臣的爱戴，同时用自己的智慧开始操控朝政。

丈夫彼得三世在位期间颁布了一些有损贵族利益的政策，再加上对外方面没有将俄罗斯的利益摆在首位，也引起贵族民众的不满。聪明的叶卡捷琳娜看中了这个发动政变的好时机，于是在 1762 年，宫廷政变爆发，彼得三世被关入彼得保罗要塞的监狱，不久离奇死去。叶卡捷琳娜走向了宝座。

这个游走于权力、欲望、文化中的女皇，拥有的是男人的智慧，她掌控与操纵这个以男性为主的世界达 30 多年之久。因治国有方、思路敏捷、功绩显赫，她的才干与名声征服了俄罗斯民众，让俄罗斯成为欧洲宪兵，拥有辽阔的面积，成为真正的强国，让欧洲的小国惧怕与敬畏。因此，她是俄国人心目中仅次于彼得大帝的一代英主。被尊称为“叶卡捷琳娜大帝”。

女皇对艺术品的热爱，毫不输于对领土扩张的热爱。她在位早期从德国柏林购入著名画家伦勃朗、鲁本斯等人的 225 幅油画，之后便一发不可收拾。她将这些收藏品存放在紧挨冬宫建造的埃尔米塔什里，这也成为埃尔米塔什博物馆最早期的收藏品。

说到“冬宫”和“埃尔米塔什”的关系，还得要从女皇的意愿说起。

为了彰显权势，女皇不断地从世界各地购入艺术品，久而久之越来越丰富，而艺术品的存放也成了一大迫在眉睫的难题。于是，连接拉斯特雷利建造的冬宫，一座叫埃尔米塔什的建筑物矗立起来了。名字很

叶卡捷琳娜女皇画像两幅

1837 年冬宫大火 水彩画 格林画于 1838 年

有意思，来源于法语，意思是“隐藏的宫殿”。一方面女皇在政务之外，可以置身其中，好好修生养性；另一方面女皇将自己的收藏品分门别类，摆放在埃尔米塔什里，闲暇时可以仔细品味或者邀请各国大使一同观赏，加以炫耀。

逐渐的，女皇以及后来的沙皇们购买收藏的宝物越来越多，于是小埃尔米塔什、大埃尔米塔什及埃尔米塔什剧院纷纷拔地而起。而叶卡捷琳娜大帝也成为欧洲最大的收藏家之一。

1837 年，冬宫经历大火洗礼，内部装潢损失惨重，幸好近卫军将能搬走的宝物及时运到安全地，油画及装饰品才得以保存，壁画、浮雕及装潢等消失殆尽。之后由斯塔佐夫（1769～1848 年）及博留诺夫（1798～1877 年）重新主持修复，冬宫，真正的浴火重生的凤凰，再次恢复了当年的华丽。

尼古拉一世与新埃尔米塔什

尼古拉一世

直至 1852 年，在尼古拉一世在位期间，这位君主非常主观化，他将自己的喜好强加在了博物馆的收藏品上。在他眼中，那些不具备艺术价值的收藏品参加了拍卖，以并不可观的价格让博物馆流失了数千件宝藏。当然，他也创建了最后一座埃尔米塔什。

紧靠着大埃尔米塔什，这座无论在建筑设计上或是在室内装潢上都达到当时最高的艺术水平，所以取名为新埃尔米塔什。与之前的比较，大埃尔米塔什显得过于陈旧，于是又更名为老埃尔米塔什。在这座新的埃尔米塔什里，陈列的全是皇家最上等的宝物，参观者可以从百万大街的阿特拉斯形象的大门进入，当然身份一定要高贵，这才是通行证。这也是埃尔米塔什最早向外界开放的第一步。渐渐地，冬宫，大（老）、小、新埃尔米塔什及埃尔米塔什剧院这五座建筑物相继完成内外装潢，他们外表独立，而内部却被大大小小的长廊阶梯桥梁连接，行走在内部，让人完全感觉不到是穿梭于五栋建筑物中，浑然天成的结合和统一，形成了今天闻名世界的埃尔米塔什博物馆，也叫冬宫博物馆。

改朝换代历史巨变的影响

1917 年之后丰富馆藏

在送走末代沙皇尼古拉二世之后，1917 年，冬宫还上演了临时政府垂死挣扎的闹剧。最后在阿芙乐尔巡洋舰的一声炮令之下，结束了冬宫被沙皇统治超过 150 年之久的历史。冬宫，及其附属的埃尔米塔什最后交到了布尔什维克和人民的手中，而这一年也可以说是埃尔米塔什博物馆的历史分界线，这之后，就是博物馆新的开始。

涅瓦河畔远眺冬宫

从 1920 年开始，由建筑师西夫可威（1890～1968 年）领导，开始对昔日的旧帝王宫邸进行改建，其目的是变成向世人开放的博物馆。保留了沙皇曾经生活过的大厅、厢房、书房、会客厅、音乐厅等。将仆人宫女住过的房间简单装潢，用来展出油画，在连接各个埃尔米塔什的走廊楼梯旁边放置雕像、艺术品。在穿廊式房间里按各自展出的物品分门别类，编上号码，取上与展出物相符的名字。这个工程持续了 30 年。同时，当这个消息传出之后，民间收藏者、各地小型的博物馆、世界各地的收藏家们开始纷纷献宝。有的通过捐赠，有的通过购买，还有交换等等形式，使博物馆藏品日趋丰富起来。

毕加索厅

佛兰德斯厅

卫国战争的损失及修复

1941～1945年，埃尔米塔什经历了战争带来的严峻考验。1941年德军开始进攻列宁格勒，而博物馆成了轰炸的对象。馆藏在被围城之前用火车运送至乌拉尔山的斯维尔德洛夫斯克展览馆保存。当然并不是所有的都能被运送出去，当列宁格勒被围困之后，剩下的展品只能存放在馆内的地下一楼进行保存。在那段痛苦不堪的岁月里，埃尔米塔什和列宁格勒的人民一样，屹立在炮火纷飞的环境里，饱受战争的摧残。

古代绘画长廊里的壁画及雕塑

1944 年 1 月，列宁格勒解放，德军撤走了。广大人民立即投身重建家园的热潮中。埃尔米塔什也以最快的速度进行修整恢复工作。当然，这样庞大的建筑物，这样复杂的艺术修复工作历经数年才得以修复完成。

兵器大厅

所以，埃尔米塔什度过了漫长复杂的岁月，她经历了战争、革命、火灾、掠夺、拍卖、冷落。同时，她也尝到了积极修建的热潮、痴狂收购的激情、浴火重生的骄傲和失而复得的喜悦，这一切都沉淀在她的身体中，让她更具历史感、富有生命。

新时期博物馆展品分布情况

如今的博物馆被分成大大小小的区域，365 间展室展出各个国家各个地区丰富的展品。

在第一层，有神秘的古埃及金字塔塔尖、木乃伊、石碑、器皿；有西伯利亚、高加索、中亚的出土文物、陶器；欧亚大陆远古时代的物品；有东欧的金银制品、首饰、织布；更有古希腊古罗马的惟妙惟肖的雕塑。

在二楼，我们能走遍沙皇生活过的房间，雄伟的圣乔治大厅内，我们

新埃尔米塔什主阶梯两边的雕塑作品

三美神 安东尼·卡诺瓦

国会阶梯

仿佛能听到沙皇在宝座上对大臣训话，发号施令；在沙皇的休息室里，我们又仿佛能听到美妙的竖琴声夹杂着歌声；在办公大厅里，我们仿佛能看到沙皇在伏案处理国事；而在娱乐室里，我们又能看到沙皇在教小皇子们下棋、舞剑和游戏。除此之外，我们还能观赏到埃尔米塔什的奠基收藏品225幅油画；另外德国15～18世纪、法国15～18世纪、英国16～19世纪、意大利13～19世纪、南欧15～17世纪、西班牙15～19世纪的油画及雕塑，以及欧洲15～17世纪的兵器展出，等等。

宙斯厅

在第三层，我们可以尽情地遨游在油画形成的艺术海洋中，主要是法国16～20世纪大师们的作品，当然还有欧洲及美国的写生19～20世纪，以及来自中国的古典家具、瓷器的展出，其中也不乏亚洲其他国家的艺术品。

博物馆固定展品高达300多万件，有人计算过，在冬宫，每件展品看1分钟，一天看8小时，至少要15年的时间才能看完。更有人这样计算冬宫的面积，如果将约350多间展厅全部走完，大概要走近27公里。

博大的艺术之邦，浩瀚的艺术海洋，当之无愧。

上左：新埃尔米塔什里的维纳斯
上右：《带耳环的少女》 伦勃朗
下：古埃及厅

博物馆藏品

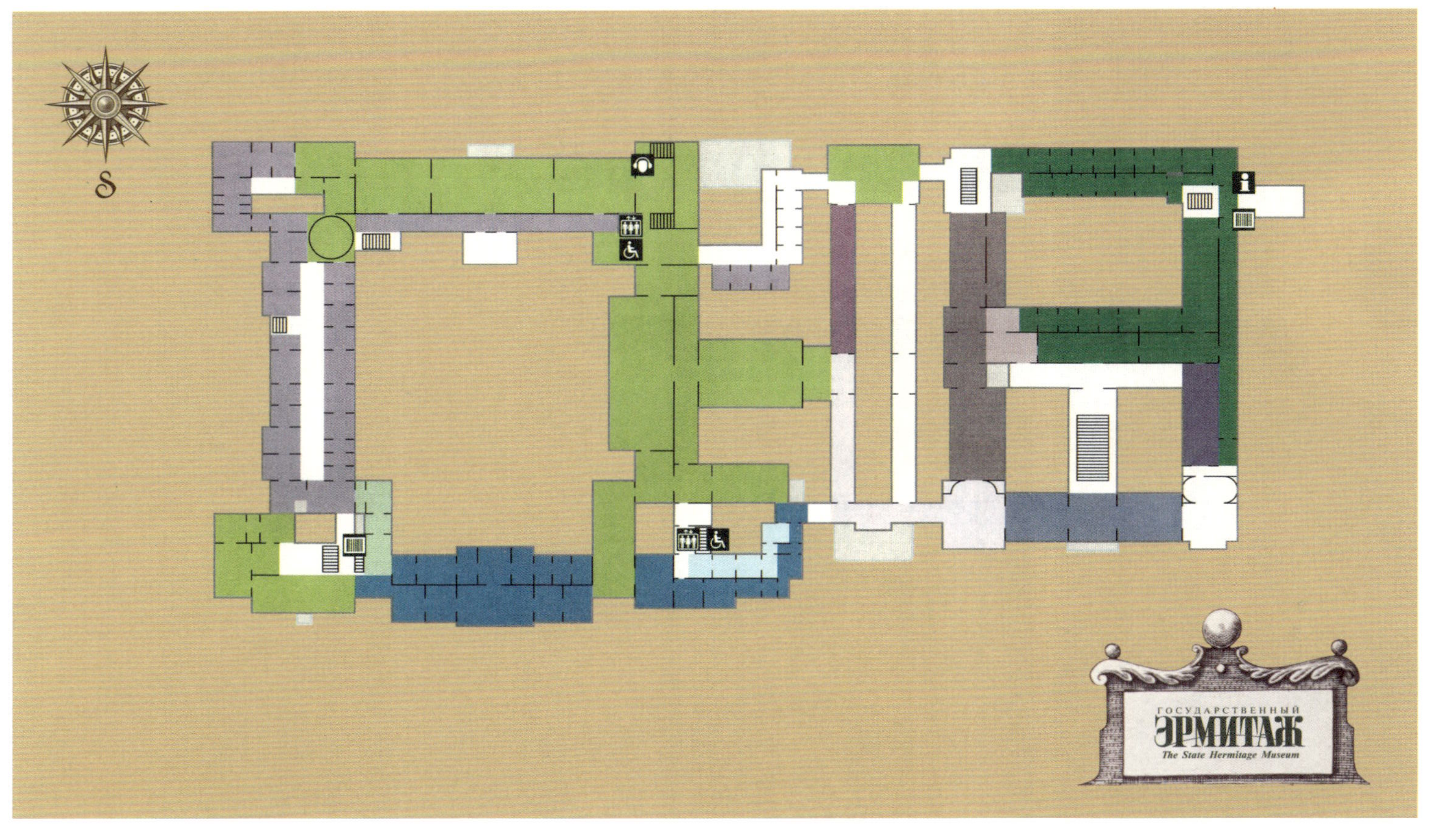

冬宫博物馆平面示意图

冬宫博物馆鸟瞰图，画面视野中近景端方向为北面，远景端为南面

第二章

昔日皇家宫邸

今日的冬宫，确是经历过浩劫的重生品，在1837年的一场大火中，冬宫几乎消失殆尽，这样伟大的作品，于后期的修复中重生。在著名设计师斯塔佐夫（1769～1848年）及博留诺夫（1798～1877年）的主持下，冬宫不仅基本恢复了其原有的面貌，而另一批人的提议和心血，也使之更加趋于完美。

冬宫入口处

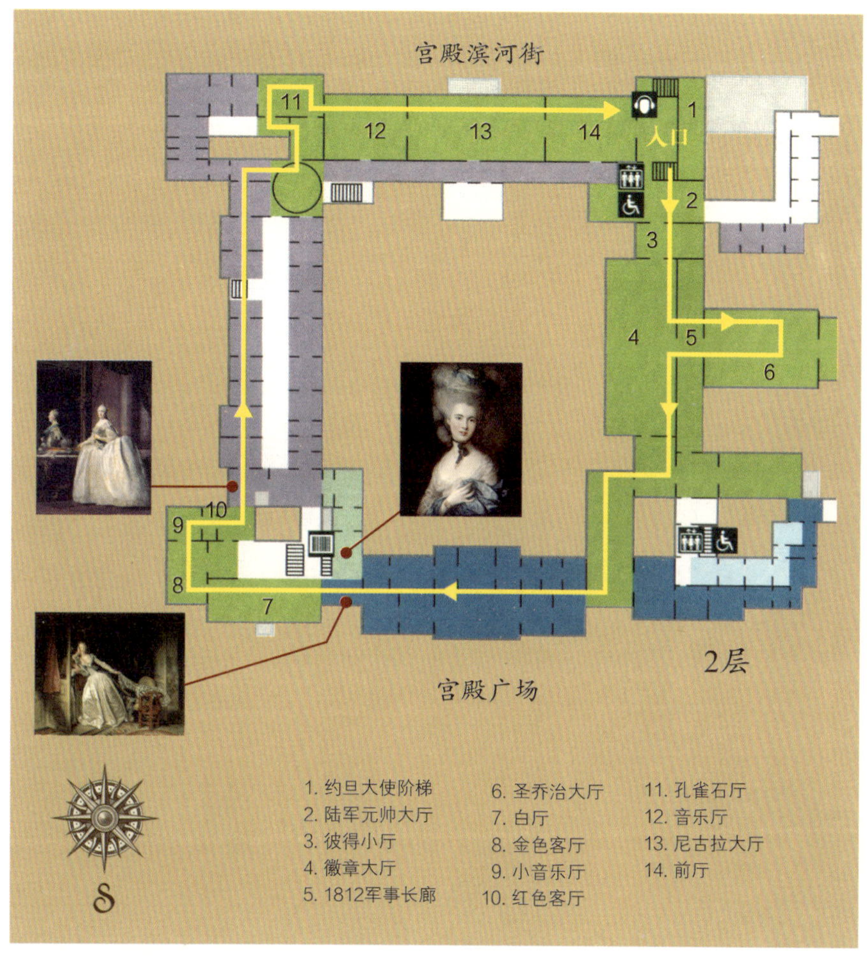

线路一：昔日皇家宫邸

昔日皇家官邸部分

约旦大使阶梯

当我们通过安检口真正开始参观冬宫的时侯，会经过一条带拱形天顶的长廊，被白色大理石、以及无数大小雕塑装饰的约旦大使长廊会一直将我们的视线带领到长廊尽头的约旦大使阶梯。这座浓郁巴洛克风格的阶梯是埃尔米塔什最壮丽、最辉煌的阶梯，也是意大利籍大师拉斯特雷利最得意的作品之一。

乌赫托姆斯基（1818~1881 年），画于 1858 年，水彩画

巴托罗密欧·弗朗西斯科·拉斯特雷利（1700～1771 年），出生于法国的意大利人，父亲巴托罗密欧·卡罗·拉斯特雷利是法国路易十四时期著名的建筑师和雕塑家，也是世界第一位金属雕刻大师。路易十四去世之

上:约旦大使阶梯(一)
中:约旦大使阶梯(二)
下:阶梯局部

后，1716 年，拉斯特雷利一家被彼得大帝邀请，年仅 16 岁的弗朗西斯科跟随父亲来到俄国圣彼得堡。他先是帮父亲为沙皇制作雕塑，在 1722 年后以建筑师身份独立展开工作。1722～1730 年间，他又多次造访意大利和法国，学习那里最先进最现代的建筑知识，并开始实践工作。当他返回俄国，又听取了伊丽莎白女皇的意见，设计了一系列博得女皇及大家喜爱的作品，被称为“伊丽莎白巴洛克”的创始者，并被归入“俄罗斯巴洛克”类别。

这座阶梯贯穿冬宫三层，高 22 米，当时人们把耶稣在约旦河受洗那天定义为约旦节，而在这一天，俄罗斯的沙皇们都要走下阶梯，穿过长廊，走出冬宫，来到被比喻成约旦河的涅瓦河边举行盛大隆重的受洗仪式，阶梯的名字因此得名“约旦”。后来，所有被沙皇接见的外国使臣都要经过这座阶梯登至二楼，来到接见厅，于是阶梯又被称为大使阶梯。这座富丽堂皇的约旦大使阶梯便成了沙皇与外界乃至世界最直接联系的要道，而这条要道也成了我们参观冬宫的必经之路。

阶梯的设计极为华丽，充满着巴洛克的梦幻主义，虽然长廊连接阶梯的部位会让我们有种与大气的冬宫不相符合的失望感，但当我们顺着阶梯每走一步，都能感受到大师想要传达给我们的设计理念——梦幻。阶梯行至一半，便可以令无数到访者感叹，大量的巴洛克繁花灯柱被镶嵌在百色墙壁上，它们被涂满了华丽的金漆，与它们并排的，我们能看到被树立在窗口的，代表着春夏秋冬，勇敢、公正、信仰力量等希腊神话人物的大理石雕塑。阶梯的空间被头顶一幅巨型壁画无限延伸，这是一幅出自提香之手的《奥林匹斯山众神》。让我们忘记颈部的疲惫，抬头注视这幅巨型壁画，仿佛已被栩栩如生的希腊众神领至奥林匹斯山，过起了神仙般消遥自在的生活。这才是设计师想要到达的目的——空间已经延至天堂。不仅纵向的空间在延伸，横向也在发挥着独特的魅力，拉斯特雷利将阶梯靠近涅瓦河的一面开了大型的窗户，为的是让这座北方之都稀少的阳光尽可能地照进冬宫，而在窗户的对面，设计师安放了镜子，于是阳光和镜面变成了绝配，将约旦大使阶梯打造成矗立在被神庇佑、光芒四照的温暖天地。

顺着阶梯继续往上，我们来到一个路口，阶梯被分成两段，靠近涅瓦河的一面以及对面，它们最后又汇合于阶梯中部。到达阶梯中部，可看到十根雄伟的花岗岩柱子竖立在我们面前。站在柱子前俯视阶梯全景，可再次感叹大师拉斯特雷利充满浪漫的独特设计和才华。这十根花岗岩柱子，一直延伸到冬宫最高处，是支撑阶梯的主要力量，同时也是沙皇权力的象征。经典的作品迎来了叶卡捷琳娜女皇的第一批客人，让女皇在众多的来访者面前露出了骄傲的微笑。

很不幸的是，冬宫在 1837 年着了一场大火，阶梯也在大火中遭到破坏。而今天我们看到的，是由俄罗斯著名设计师瓦西里·斯塔佐夫根据拉斯特雷利的精华重建。不管怎样，拉斯特雷利的集聚梦幻的巴洛克约旦大使阶梯一直被来过冬宫的人津津乐道。

陆军元帅大厅

经过十根花岗岩柱子中部比较开阔的过道，我们行至左边。穿过两层厚重的镶着金饰的木门，我们可以来到陆军元帅大厅。

这座大厅是一座古典主义风格的大厅。在墙壁上、天花板的雕刻上以

爱德华·豪(1816–1895)，画于 1866 年，水彩画

陆军元帅大厅

陆军元帅大厅的镀金花瓶

及大灯的装饰上都体现了古典主义风格的对称性。这个大厅是遵照尼古拉一世的命令，在 1833 年由法国籍著名设计师孟菲朗设计建造的。沙皇时期大厅是禁卫军站岗换岗的地方。在大厅的墙壁上挂着六幅俄罗斯陆军元帅的肖像，拉斯卡维奇、苏瓦罗夫、库图佐夫是常驻的画像主人，其他的画像经常被更换。其实大厅一共设计了八个悬挂画像的位置，沙皇总是只挂六幅，剩下的两幅画像的位置，永远是留给奋战在沙场上的勇士们的，能用战功作为资格，将自己的画像挂在元帅大厅，是他们的骄傲和目标。

在大厅天花板上挂着三盏吊灯，中间一盏是由 500 公斤青铜打造的镀金吊灯，也是冬宫内最沉重的吊灯之一。在灯体上，我们可以清晰地看到象征将军的头盔，象征勇敢的盔甲，象征胜利的彩带，象征和平的橄榄枝。同时盔甲寓意着沙皇用武力争夺土地，而橄榄枝是他用和平来稳定人民。复杂的图案即使是用青铜打造，也丝毫不减它的精致和庄重。凯旋归来的将军们一定会身着华丽的戎装，心潮澎湃地在这座大厅里等候沙皇的召见。

同时，大厅的四周还摆放着 19 世纪欧洲及俄罗斯雕塑纪念碑，以及皇家艺术瓷器厂的花瓶装饰物。

大厅除了迎接将军元帅以外，当富有的商人来到俄国，沙皇也在这座大厅里接见商人的代表。

彼得小厅

在 1837 年的时侯，这座大厅被大火烧毁，今天看到的已经是瓦西里·斯塔佐夫改建修复之后的作品。大厅以鲜艳的红色调为底色，镶嵌在墙壁

彼得厅

彼得大帝与胜利女神

上的是昂贵的里昂金丝绒，在金丝绒的表面用银线绘出了大大小小的沙皇时期的国徽、皇冠以及象征荣誉的光环。金丝绒四周的角上都绘制了一个笔画交织在一起的图案，这是用希腊文描绘的彼得大帝名字的第一个字母。大厅中央安放了一个宝座，是安娜女皇当时用过的。这个来自1731年的艺术品是由英国伦敦著名的工艺师克拉乌泽设计完成的。在木质的底座上，框上厚实的镀金镀银装饰，再包上红色天鹅绒，椅背上是银线缝制的沙皇时期俄罗斯帝国的国徽。

在宝座后方的墙壁上挂着一幅油画，内容是彼得大帝被胜利女神陪伴着前行。画中的彼得身着戎装，一手插腰，一手将望远镜撑在踩着木桶的大腿上。神情表露出他征战的决心。胜利女神弥涅尔瓦身穿盔甲，扭过头来注视着彼得，寓意彼得永远被女神庇佑，和胜利站在一起。他们头顶的云端中飞翔着两个小天使，为彼得带来了象征权力的皇冠。

在安放宝座的上方，天花板发生了变化，由繁复的雕刻图案汇集成一座类似东正教教堂的穹顶，这样的设计正是寓意罗曼诺夫王朝的统治永远是在神的庇护下，得到神的保护。大厅的地板也颇具特色，由九种木头拼制镶嵌而成，画面非常完整，仿佛一款华丽的地毯，把大厅装饰得更加高贵。在大厅两边墙布上方，安放两幅以战争为主题的油画，分别是彼得大帝与瑞典和芬兰抗击21年北方战争中著名的两大战役——波尔瓦塔战役和列斯纳亚战役。整个大厅无不充满着赞扬诗，歌颂着彼得的丰功伟绩和后人对彼得的无比崇敬和怀念。

徽章大厅

走出彼得厅，我们直接进入徽章大厅。被厚重的金色包裹的大厅时时刻刻都在发挥着炫耀国力的作用。这1 000平米的金色大厅四周，被修长的科林斯式的柱廊环抱，柱廊支撑着大厅上部的敞廊。整个结构显得十分华丽和庄重。在这座大厅里，沙皇们曾经接见过省城的、或者是其他城市的贵族。同样，这里也是当年举办舞会的地方。我们可以想像，在那个上流社会统治的时代，贵族们被邀请参加皇家晚宴，他们身着最绚丽的服饰，佩戴最夺目的珠宝，举手投足优雅且带着傲慢，在名利场被浓缩到 1 000 平米的空间里，尽其所能释放最耀眼的光辉。而在翩翩起舞的贵族们的上方，安置了由青铜打造、镀上很厚的黄金的吊灯。大厅中间的一排吊灯分三层，呈圆锥型。在最大、最靠近地面、也就是“圆锥”的底部的一层，我们可以发现烛台后方的秘密。用青铜铸造了各式各样的金盾牌就安放在那里。这些盾牌上都有不一样的图案，代表着俄罗斯的各个省城。当烛台被点燃，闪烁的烛光将盾牌照亮，时刻提醒着大家俄罗斯国家的形成。在进入大厅和离开大厅的两扇对立的门的左右两边安放了俄罗斯古代战士的浮雕，他们面带坚毅的神情，充满力量的身体披着盔甲，手中握着长矛或者盾牌，他们一人蹲着，一人站着同时扶住中间的长杆。在长杆的中央，是

徽章大厅

俄罗斯各个省的省徽，长杆的上半部分悬挂着象征和平的橄榄枝环，顶部是沙俄的国徽。在战士和长杆的背后，由错落有致的旗帜做背景再合适不过。战士们的目光中永远带着勇气和智慧，向世人散发着俄罗斯勇士不可战胜的气概。

大厅正中央，我们可以看到一个拥有独特造型的花瓶样雕塑，这是来自 19 世纪叶卡捷琳堡的石器加工厂的作品。相传在宴会中，它起到盛酒的作用。将各式各样的美酒和冰块倒入花瓶里，再用特制酒勺舀进杯子里一饮而尽。

在第一次世界大战时，冬宫的很多大厅都被作为战时医院使用，拥有 1 000 平米的徽章大厅也不例外，而且作为安置伤员最大的一个厅发挥了重要的作用。二战时期，冬宫的很多大厅都遭受到炮弹的袭击，徽章大厅成为其中之一，战后展开修复工作，1946 年修复完毕，沙皇的荣耀又重现于世人眼前。

1812 军事长廊

在徽章大厅中间，靠近埃尔米塔什的一面，有一扇厚重的、镶嵌着镀金盾牌花饰的门，我们穿过这道门可以来到一条长廊——1812 军事长廊。

俄罗斯的历史，大都是侵略史，难得的一段被侵略史发生在 1812 年。当时的俄罗斯诺曼诺夫王朝正是沙皇亚力山大一世统治的时期(1777～1825 年，女皇叶卡捷琳娜二世的孙子，父亲为保罗一世)，改变欧洲命运的俄法战争就发生在他在位后的第 11 年。

1812 年，法国国王拿破仑在欧洲大陆取得了空前的大规模军事胜利，他吞并意大利、德意志地区，成立莱茵联邦。并且打败欧洲强国奥地利，占领普鲁士，掌控西班牙、荷兰。联合欧洲其他国家对不屈服的英国实施全方位的大陆封锁。俄国在这之前与法国结为同盟。可是，没过多久，出于对自身利益的考虑和对法国贪婪扩张的担忧，心存戒备的俄国皇帝决定解除对法联盟。这一举动激怒了拿破仑，这也成为了他对早已虎视眈眈

萨多夫尼科夫，画于 1858 年

的俄国发动战争的导火索。

1812 年 6 月，法军的铁骑跨过涅曼河高傲地来到俄国。亚历山大一世任命巴克莱德·托力为主帅，带领将士及沿途的居民奋力抵抗。他们英勇作战，将入侵俄国的法军消灭到只剩之前数量的一半。为后来接任的库图佐夫打下了良好的基础。

亚历山大一世换上库图佐夫元帅继续抵抗法军。这位俄罗斯历史上著名的将军，发挥他一贯不同寻常的作战方法。他运用大火实施焦土政策，眼看法军快要攻占莫斯科（虽然当时首都已经迁至圣彼得堡，但莫斯科仍然是经济的中心，大多数工业都集中在这里）。即便是这样，俄国人宁愿城池毁在自己手里，也不留给敌人。在千钧一发之际，库图佐夫下令，放弃并烧毁莫斯科。致使法军来到莫斯科之后，看到的是一片狼烟废墟。此外库图佐夫命令士兵们将法军行进沿途放火烧焦，法军无法及时补充粮

左：1812 军事长廊
右：库图佐夫

食供给，而后方的运输补给道路不仅漫长，而且非常缓慢，导致法军在俄国腹地饿死病死不计其数。拿破仑在攻占了俄国重要城市莫斯科之后，发现情况时局十分不利，于是向俄国皇帝请和。在攻占他国的主要城市后再求和，这看来是多么的讽刺和可笑。俄国寒冷的冬天逼近，法军进入俄国腹地太深，这招历时大半年的请君入瓮，将法军实力大幅度削弱，拿破仑不得不返程撤回。这个时候，俄国开始反击，由于库图佐夫元帅病重，于是1813 年，由亚历山大一世亲自率军，反击拿破仑。在莱比锡和法军展开殊死决战，打败拿破仑。1814 年亚历山大一世带领军队成功登陆法国领土，迫使拿破仑退位。即便一年后拿破仑复辟，亚历山大一世也没有坐视不管，再一次将铁骑踏在了香榭丽舍大街上。拿破仑最终被流放。

由柴可夫斯基创作的《1812 序曲》就是描绘这场战争的。引用马克西姆·高尔基的话“这是首深具人民性的音乐，像平稳的波涛那样庄严有力地在大厅回荡，它的声音表达出这一庄严的历史时刻，极其成功地描绘了人民奋起保卫祖国的威力及其雄伟气魄”。普希金则通过自己的诗歌，在字里行间讴歌了俄国人民英雄无畏的民族精神，同时也表达了自己的爱国之情。

让外国军队闻风丧胆吧！
俄罗斯的儿子们反攻了！
人人奋勇当先，冲杀法国强盗；
个个同仇敌忾，无论年老年幼。
暴君发抖吧！你的末日临近！
你瞧：俄国每一个战士都是巨人，
他们的目的：或者胜利，或者倒在激烈的战场
为了罗斯，为了神圣的祭坛。

（“俄罗斯”古时叫“罗斯”，即“基辅罗斯”，是当今俄罗斯的祖先。“神圣的祭坛”就是祭祀祖先灵堂之地。）

而 1812 军事长廊的建造，就是为了纪念这场卫国战争的将士们。1812 军事长廊于 1826 年由鲁西主持修建，同年 12 月 29 日作为俄法战争胜利周年纪念举行开放仪式。可惜在 1837 年那场大火中，长廊损坏严重。值得庆幸的是，长廊中收藏的 332 幅将军统帅的画像全部被抢救下来。于是大火之后由斯塔佐夫重建，重新将画像按其原来的位置挂回长廊。

这 332 幅画像都是由一位英国画家乔治·多乌 (1781～1829 年)和他的俄国助手威廉·奥古斯特·高立克和亚历山大·波利亚科夫用了十年的时间绘画完成的。

乔治·多乌，1781 年出生于英国一个艺术家庭，父亲是一位画家和铜板雕刻家。从小受到艺术熏陶的他继承了父亲在艺术上的天份。他先是向父亲学习雕塑，后来把注意力转移到了油彩绘画上，并进入英国皇家艺术学院学习作画。1809 年成为皇家艺术学院成员，之后被评为院士。

乔治·多乌的作品得到英国肯特公爵和公爵夫人的认同和喜爱。1819 年，亚历山大一世游历欧洲，来到英国，受到肯特公爵一家的接待。乔治·多乌的作品吸引了沙皇的注意，于是邀请他为参加过抗击拿破仑的卫国战争

的英雄们画像。

1825年沙皇亚历山大一世去世，继承者尼古拉一世邀请乔治·多乌为自己加冕时作画。于是画家来到了俄国圣彼得堡。不仅如此，乔治·多乌被授予第一位宫廷画师的荣誉，开始了圣彼得堡的作画生涯。

直到今天，我们还能看到长廊有13处区域挂着镶嵌绿色绒布的画框，里面并没有画像。这并不是画家作品的缺失，而是这些画框的主人翁在战争中受伤破相，或者在战争还没有结束就已经阵亡，破相者不愿留下自己残破的面容，而阵亡者画师乔治·多乌无法为其完成画像，所以只留下象征生命的绿色。但是，无论怎样，作为纪念和表彰，金色的画框下都深深地刻着将军们的名字，也就是说每位将军都被纪念，都拥有一席之地。

在长廊尽头，两盏落地水晶灯中间，红色金丝绒帷幕下方安放了沙皇亚力山大一世的画像（大火之前，是画家乔治·多乌本人的画像），骑着骏马，马蹄高昂，寓意着沙皇的智慧和野心。在靠近沙皇画像的位置，放置了当时俄罗斯的同盟国国王画像，分别是普鲁士国王腓特烈·威廉三世及奥地利国王弗兰德一世。长廊中间部分，有一扇镶嵌荣誉花环的大门，通向沙皇宝座大厅——圣乔治大厅。就在这扇大门的左右由俄法战争中著名统帅库图佐夫和巴克莱德·托力把守。库图佐夫是胜利的代名词，画像中

将军墙

的他胸前挂满勋章，是他丰功伟绩的表现，在他左边放着一顶帽子，据记载，战争中库图佐夫英勇杀敌，头部受过重伤，只能带这样软软的帽子。他右眼瞎了，右腿瘸了，为了让将军看上去威风凛凛，画师将将军左面作为主要描绘对象，用带皮毛的外衣装饰将军的身体，挡住了残缺的右腿，将军最英勇的一面展现在世人面前，他身后有誓死跟随的精锐部队。在这样一幅看似自然的画像里凝聚了画师对将军的无比崇敬之情。

画廊的尽头在末期安放了两幅油画，出自彼得·冯赫斯之手的《别列津纳河对岸法国的撤退》和《波罗底诺战役》。

圣乔治大厅

通过由巴克莱德·托力和库图佐夫两名元帅把守的大门，也是冬宫里最重要的大门，我们来到沙皇宝座厅——圣乔治大厅，就是我们所谓的大金銮殿，这是冬宫的心脏地带。这座大厅是冬宫里穿廊式大厅的最后一个房间，修建于 1787～1795 年间，采用设计师科瓦雷纪（1744～1817 年）的设计方案，由拉斯特雷利主持修建完成。当时延用古典主义建筑风格，对称宽广，上下两层巨型窗户将光线引入大厅，镶嵌于墙面的不同颜色的大理石墙面及柱子耀眼夺目。可是大厅在 1837 年那场大火中遭到破坏，当时在

圣乔治大厅（大金銮殿）

上:L 萨多夫尼科夫,画于 1858 年,水彩画
左下:天花板上带国徽镀金吊灯细节
右下:镀金门细节

左：从偏门看圣乔治大厅
右：沙皇宝座

位的沙皇尼古拉一世下令，将大厅改用白色大理石装点。于是，从墙面到柱体，全部换上了来自意大利的白色卡拉拉大理石。以白色为基调，金色装饰的大厅达到了前所未有的庄严肃穆、高贵典雅，在当时引起轰动。

不得不说这座大厅将古典主义风格的对称性发挥到了极致，对称的窗，对称的大理石柱体，对称的镀金铜制吊灯，吊灯上的装饰，乃至天花板和地板都达到对称的统一。天花板上由黄金镶嵌的图案，在地板上都能找到对应，只不过是材质上的差异，地板是采用了 16 种不同颜色的木头拼接而成的拼花地板，并且都保留木头天然的颜色。唯独在天花板上的国徽图案地板上没有，那是因为象征国家荣耀的国徽又怎么能任人踩踏呢。

在大厅深处，台阶的上方，放置着沙皇的宝座。1731～1732 年间，由女皇安娜·伊万诺夫娜从英国定制而来。出自著名的艺术家尼古拉斯·克劳森之手。在这个银质镀金宝座靠背上，是金线和银线缝制的沙皇时期的国徽双头鹰。靠背的背后是由无数颗宝石拼成的世界地图，如今也不知下落何方了。宝座背后是红色大帷幕，同样由金线和银线绘制的双头鹰氧化得已经失去材质原有的光泽。在这座象征荣誉、神圣、正义的大厅里多次举行重要的集会，当然是在 1917 年以前，十月革命之后宝座后面的红色帷幕变成绣制“CCCP”四个字母的图案，这是苏联时期的代表，并且安放了当时的苏联地图。时过境迁，当列宁格勒再次被命名为圣彼得堡时，如历史再现般，“CCCP”又被换成沙皇时期的国徽头戴皇冠的双头鹰。而在宝座的正上方，我们可以清楚地看见一个带有“圣乔治屠龙”的白色大理石浮雕，这座大厅正因此取名。圣乔治是俄罗斯国家和军队的庇护神，是正义勇敢的化身，受到俄罗斯全民族的敬仰。

在这个大厅里也同样举行着表彰大会，每年的 11 月 26 日圣乔治日，在大厅里表彰埃尔米塔什及圣彼得堡其他博物馆的工作人员。

白厅、金色客厅、小音乐厅、红色客厅

1837 年之后，为了迎接新的皇室继承人亚历山大二世，冬宫的西南区开始着手装潢房间，以白厅、金色客厅、红色客厅最为华丽。

白厅，由于其内部装潢大都以白色为基调，因此而得名。这座大厅是作为亚历山大二世和妻子玛丽亚·费多罗瓦的婚礼正厅。双层的亮窗设计，圆筒拱顶浮出浅浅的图案，有象征荣誉的花环、复杂的繁花雕刻、军事品象征物，还有以古希腊神话人物为题材的雕塑，他们各为天后赫拉，女性的保护者；宙斯，阿尔忒弥斯和阿波罗，谷神德墨忒尔和贸易神赫尔墨斯，还有灶神赫斯提和海神波塞冬。三盏镀金大吊灯从拱顶垂直落下，与黄色为主色调的拼花地板相互辉映。白色、金色的大厅衬托出皇室的高贵，博留诺夫对古典主义的拿捏和设计可谓得心应手。在这座大厅里，现在摆放的是一些镶了金边和镀金装饰物的柜子，这些都是皇室之前使用过的，在靠近窗户的一面安置了博物馆设计的展屏，用来悬挂一些肖像画

白厅

普雷马齐(1814~1891),画于 1865 年,水彩画

金色客厅

和风景画。

穿过镶着镀金荣誉花环的红木门，还来不及回味白厅的古典、大气，就会被铺天盖地的耀眼金色震撼住，我们来到了金色客厅。

天花板、吊灯、墙面、座椅、装饰，金烂烂让人应接不暇，是当之无愧的金色客厅。这个房间是设计师博留诺夫为皇后玛丽亚·费多罗瓦设计的会

红色客厅 爱德华·豪（1816～1895），画于1861年，水彩画

普雷马齐(1814~1891),画于 1869 年,水彩画,意大利

客厅，起初是想和尼古拉一世的妻子亚历山德拉皇后的孔雀石会客厅互相呼应的。所以,在修建初期,是以白色人造大理石覆盖了天花板和墙面,再涂上一层金粉,半浮雕和碧石材质的马赛克在房间里随处可见,家具则是由厚厚的镀金来装饰。后来,皇室为了追求奢华的效果,将墙面和天花板全部换成整片厚厚的镀金,于是就有了今天的金色客厅。皇后玛丽亚在这里接见她的重要客人。在圣诞节,这里也是摆放圣诞树的地方。

今天,在这个金碧辉煌的大客厅里,安放了很多神兽造型做支撑的桌子,桌面上摆放着展示柜,里面是女皇叶卡捷琳娜二世收藏的各式各样的石头浮雕,都出自西欧珠宝工匠之手。石雕巧夺天工被叶卡捷琳娜二世所酷爱,女皇恋石成癖,命令大臣收集采购。于是这里便成了欧洲收藏最丰富的地方之一。

经过金色客厅，我们会来到皇后的小音乐厅也叫深红色大厅。玛丽

红色客厅

亚·费多罗瓦嫁给沙皇亚历山大二世之后，将自己的名字更改为玛丽亚·亚历山德拉，冠了夫姓。之后，她开始着手更新自己的房间。

皇后钟情于古典元素，并且非常喜欢开音乐会，所以音乐厅和客厅是相连的，同样是古典主义风格的设计，白顶，镶嵌繁花图案，墙面则是乐器的构图。在小音乐厅里，现在还摆放了一架古老的木质钢琴，琴体上彩绘的花草树木，极为雅致。

经过小音乐厅，我们就能到达皇后的红色客厅。

这是冬宫里最精巧华丽的房间之一，于1841年，同样由博留诺夫主持设计、装潢完成。后来，为了符合当时盛行的洛可可艺术风格，由设计师波塞接手，在天花板和墙面上装潢了精巧细致的金丝和造型别致典雅的装饰物。

客厅不大，但被独出心裁地设计出一段凹室，让这个客厅更加具有私密性。之后，法国卡·拉契耶工厂特制的红色布幔的加入，使客厅更加整体化，布幔包裹了墙壁、窗户、门及室内的家具。不得不说，这间充满热情的红色客厅，是当时洛可可风格的杰作。

孔雀石厅

在冬宫的众多大厅中，绿孔雀石大厅聚集了俄罗斯马赛克工艺的精华。乌拉尔山拥有大量丰富的矿产，绿孔雀石的出现为工艺大师们提供了展现技艺的机会。

在18世纪，孔雀石一直被人们视为稀世珍品，它们被运用于桌上装饰品的表面、花瓶及文书用品。1830年，杰米多夫家族开始对乌拉尔山的矿区进行挖掘，孔雀石开始被广泛利用。冬宫的孔雀石大厅使用了超过2吨的石料，而石头的赠送者正是矿山的持有者杰米多夫。

由于这样的石头拥有大自然赐予的美丽外表，那祥云般的纹路被封

乌赫托姆斯基(1818 ~1881)，画于1865年，水彩画

孔雀石厅

孔雀石厅天花板

锁在翠绿的岩石里，清晰自然，像俄罗斯女子白皙纤细的手指夹着的香烟升出的缭绕云雾，又像梦境中似曾相识的神秘图腾。总之，怎能将它的美丽隐藏于山间？于是这格外高贵和优雅的孔雀石符合皇家对美的追求，被请入冬宫。孔雀石大厅就是将这份高贵集中表达出来，将优雅的情愫放进沙皇的皇宫里。

孔雀石被切割分裂成无数的碎片，每片碎片大约4毫米厚。工艺大师们根据石头表面的白色花纹的走向，首尾呼应，相辅相成，拼接出不同的图案和纹路，再在拼接的细缝中洒上孔雀绿石粉末，细致打磨抛光。于是如浑然天成的柱体、桌面、钟表、花瓶就这样出现在冬宫的大大小小的厅里。以黄金和孔雀石相互辉映的大厅是沙皇尼古拉一世时期，他的妻子亚历山德拉·费多罗芙娜的接见厅，位于冬宫靠近涅瓦河的一面。大厅里共有16根由大理石做基座，黄金雕花做衬托的孔雀石柱子，它们有序地排列在大厅四周、门的两边、墙壁的两边，以及孔雀石壁炉的两边。在壁炉上摆放着罕见的孔雀石钟表、小型金饰花瓶。

孔雀石制作的壁炉及摆饰品

孔雀石工艺品露出内部青铜部分

做为窗户的那面墙壁上还安放着庄重精致的孔雀石大花瓶。窗户的对面，在孔雀石柱子中间的墙面上镶嵌了代表诗歌、白天、黑夜主题的天使画像，极富浪漫色彩。大厅里由各式各样的镀金神兽做桌腿、孔雀石拼接成桌面的展示桌上，向大家展示了这种石头不仅能做成大气高贵的装饰物，而且对烛台、镇纸台、笔筒等办公用品也同样适合。这些都是皇室当时使用过的。

这是一个转折厅，从约旦大使阶梯的小广场径直前行，通过前厅、尼古拉大厅、音乐厅，就能到达。而经过孔雀石大厅之后，就是沙皇私人的餐

白色小餐厅，临时政府被捕的地方

白色小餐厅壁炉上的小纪念碑，停留在十月革命的历史时刻的钟表

厅、卧室，以及书房了。1917 年 6 月到 10 月间，这个大厅以及沙皇私人的餐厅、客厅、书房被临时政府使用，孔雀石厅被用作临时政府的接待大厅。直至红军攻占冬宫，在沙皇的白色小餐厅将正在开会的临时政府抓获。长达 200 多年的沙俄统治最终结束，布尔什维克终于登上历史舞台。

音乐厅、尼古拉大厅、前厅

从孔雀石厅出来，我们能到达音乐厅。这是座造型典雅的白色大厅，曾经是沙皇举行音乐会及戏剧表演的地方。大厅是古典主义风格，柱体结构包裹着宽敞的空间，大厅墙壁的半空中树立着由缪思领导的（缪思是希腊神话中掌管文艺、科学的女神）代表艺术形象的古希腊女神雕塑。

如今的大厅中，安放了一具大型的、成金字塔状的银棺。它的主人是亚历山大·涅夫斯基，俄罗斯伟大的民族英雄。银棺是由伊丽莎白女皇下令，座落在彼得保罗要塞内的造币工厂打造的。用了将近一吨的银子，相当于阿尔泰矿区一年的产量。

在银棺的表面，雕刻着亚历山大·涅夫斯基身前的战绩浮雕。背后的银质屏风状装饰物上坐着两位天使，他们各自举着一块银碑，在碑体上印着由俄罗斯著名学者罗曼诺索夫撰写的赞美诗。银棺的两边安放着代表勇敢正义的盔甲和长矛，以及用来安抚英雄灵魂的香炉。

从音乐厅径直向前，我们能到达尼古拉大厅。这座大厅早些时候的名字叫大前厅。1855 年，尼古拉一世去世。1856 年，继承者亚历山大二世为了纪念他，请来德国著名画家科洛格尔为尼古拉一世画像。于是巨幅的尼古拉一世骑马肖像出现在了大前厅里。从此之后，大前厅更名为尼

音乐厅

古拉大厅。

这座大厅是冬宫里最宽敞的房间，达1102平方米。它的内部装潢继续沿用古典主义大气庄重的风格。在平时被用作典礼、舞会，以及庆祝节日的餐会使用。如今，当埃尔米塔什跟世界各地的博物馆进行交流时，会定期地展出来自其他博物馆的收藏，尼古拉大厅作为零时的展出厅是再合适不过的。

走出尼古拉大厅，我们来到小前厅。

相比之前的大气恢弘的大厅，小前厅就像是玲珑秀美的过道。“可是这毕竟是皇室家族的过道呀”，“真不愧是皇室家族的过道呢”。当时的到访者无不一一感叹道。

走出小前厅，我们又来到了约旦大使阶梯的小广场了。这条路线，将皇室家族的重要大厅都走了一遍。在这里，我们体味到俄罗斯罗曼诺夫王朝的辉煌历史，沙皇们生活过的痕迹历历在目，同样也感受到俄罗斯式的古典主义、巴洛克、洛可可建筑风格的特点，感叹建筑师、设计师、工艺大师们巧夺天工的构思和技法，感叹人民力量的伟大。

亚历山大·涅夫斯基银棺

乌赫托姆斯基(1818~1881),画于 1866 年,水彩画

油画雕塑艺术品部分

《午餐前的祈祷》

在埃尔米塔什里，除了众多讨好上层阶级、描绘贵族阶层的油画之外，还有很多的艺术家着眼于记录平民百姓的日常生活，夏尔丹就是其中之一。

眼前的这幅是他非常著名的作品《午餐前的祈祷》。这幅作品的出现，给画家带来了巨大的声誉，并被要求复制多次，冬宫和卢浮宫均收藏了其中复制的两幅。

忙碌的母亲终于把午餐准备好了，端上桌来。在那个时代，餐前都要进行一段祷告，来感谢上帝赐予的食物。画面中那个戴粉红色帽子的小女孩在祷告中停顿了，她好像忘记了祷告文，母亲专注地看着她，充满慈爱、温柔的眼神，在鼓励她继续念下去。旁边的，应该是她的姐姐，调皮地看着妹妹，带着点得意，因为自己已经顺利念完祷告文了，也带着点疼爱，希望妹妹能想起来，这样就能开始用餐了。小女孩无助、惹人怜爱的动作和表情是这幅画最生动的地方。圆鼓鼓的小手像是在祷告，又像是在祈求妈妈的提醒和原谅。整个画面充满着家庭的气

《午餐前的祈祷》
作者：夏尔丹

氛,温暖、真实。母亲的形象也在告诉着世人向善、讲道德。夏尔丹将明快的颜色用在画面里,不仅不突兀,反而给家庭生活带来了恬静祥和的感觉。

《洗衣女工》

在夏尔丹的《洗衣女工》这幅作品中,洗衣女工站在敦实厚重的大木桶旁边,手泡在肥皂水里,用力洗着厚重的衣物。看似艰难的生活,可面部的表情却是充满希望的。她的孩子坐在洗衣桶边玩耍着,多么富有生活气息呀!洗衣女工眼神温柔,她坚信,通过双手朴实的劳动,会拥有幸福的生活。在这样一间狭小的洗衣房里,昏暗、潮湿,到处充满蒸汽,高大的洗衣女工辛勤地工作着,看似平实的生活场景,却在画家的手中表现出它美妙的一面。它的美妙,在于真实、朴素和恬静。

在夏尔丹的一生中,经历十分艰辛。出生于第三阶层,从小和下层人民联系紧密。他做过手艺学徒,当过师傅,在贫民中有着和他们一样的情感共鸣。所以,在画家眼中,他们平凡、真挚、善良、可爱。在夏尔丹的作品里,他们恬淡、温和地生活着。无论是《午餐前的祈祷》还是《洗衣女工》,夏尔丹用其特殊的观察视角,精湛的绘画技巧,为我们带来的是真实民众的生活场景,感动着观看他们生活的每一个人。

《洗衣女工》作者:夏尔丹

《偷吻》

在一个小型的只有女士的聚会上，年轻的女子们都穿着漂亮的衣服，她们在一起唱歌、弹琴、玩牌……房间里充满了笑声和欢闹声。仆人们时不时地为小姐们送来点心、水果，也带来除这间房间之外的小消息。

仆人在其中一个相貌秀丽的年轻女孩耳边不知道说了什么，她瞬间紧张起来，脸颊也顿时红润了许多。她机灵的眼睛四下打量着，突然，她打断了大家的谈话，站起身来："对不起，我的披肩忘在客厅了，我得去拿一下。"说着，她慢慢地站起身来，朝外面的客厅走去。女伴们又继续着刚才的话题。

年轻女孩刚进进客厅，她的左手还没来得及把披肩拾起，脸颊已经贴到了心上人的嘴唇上。画面中那个女孩多么的可爱，她轻盈地像飞一样地

《偷吻》作者：让·奥诺雷·弗拉戈纳尔

扑到了男孩的身边，脸上除了甜蜜，还带着点害羞和深怕被人发现的慌乱。画家弗拉戈纳尔把这有趣的画面定格住了，并且非常准确地通过人物的表情表现出了内心。

女孩的衣裙是大面积的白色有珍珠质感的面料，画家不仅精准地画出了裙摆跟着身体的扭动所呈现出来的褶皱，更是通过这样的褶皱将光线反射到了少年的脸上，你看他多么不希望和她分开呀。细腻富有感情的轻盈笔触使得画家把这些微小的细节表现得淋漓尽致。

《偷吻》，观画的我们是不是也为这对小情侣捏一把汗呢？

1895 年这幅作品来到冬宫，本来是波兰国王斯坦尼斯·奥古斯特·波尼亚托夫斯基的收藏品，油画还有另一个名字叫《秘密的激情》。弗拉戈纳尔笔下的场景不再以田园的风光为衬托，他将画面的感官点转移到了人物的身上，通过清新、细腻、自然的表现手法，将洛可可风格和新古典主义结合得天衣无缝，以优雅、诗意的情愫装点了 18 世纪享乐主义的文化精神。

《蓝衣贵妇》

在冬宫靠近广场的这一面，有很多肖像画在这边的房间里陈列。其中有一幅名为《蓝衣贵妇》的肖像画尤其突出。

在白色墙壁上悬挂的这幅画像，会让你在欣赏过很多肖像画逐渐麻木了之后，为之清醒。它并没有过多的色彩，蓝色和白色相衬下的主人翁显得尤为美丽。清秀如白玉般的面庞着着淡淡的妆，朱红的嘴唇微张着，深邃迷人的眼睛温柔地注视着看画的你。她拥有银白色的头发，并将它们梳成当时最流行的高发髻，再戴上华丽的用绸缎编织和用羽毛装饰做成的帽子，这样厚重的发饰使得这位贵妇的头微微地倾斜，不过依旧保持着高贵和自然的微笑。在白色和蓝色交汇呼应下，贵妇人的皮肤细腻并且带有光泽，冷色的色调却能衬托她身体里发出的温暖。她右手随意地拎起正要滑落的蓝色披肩，动作轻盈高贵，并且十分动人和得体。更加表现出蓝衣贵妇那种难以言传的迷人魅力。

《蓝衣贵妇》作者：托马斯·庚斯博罗

《冬》

在叶卡捷琳娜二世统治时期，由于女皇是个纯粹的德国人，被一个德国女人统治了俄罗斯，贵族民众都表现出不满和愤怒。可是，就是这样一个日耳曼血统的女人，把贫穷落后的俄罗斯变成了繁荣强盛的欧洲第一大国。女皇为了表明决心，彰显国力，自封“大帝”。在俄罗斯罗曼诺夫王朝的历史上，只有两位“大帝”，第一位是圣彼得堡的创始者彼得大帝，之后就是叶卡捷琳娜二世。女皇认为，她才是彼得真正的传人，并将会把彼得的意志和意愿发扬光大。于是她从法国请来当时著名的雕刻家法尔科内，为她雕塑一座彼得大帝的雕像。

法尔科内不负众望，如今涅瓦河畔世界闻名的青铜骑士像就是他的杰作。为了雕刻青铜骑士像，雕刻家在圣彼得堡一住就是十二年，在这期间他也留下了其他的作品，保存在冬宫的《冬》，是其中之一。

《冬》如果光听名字，很难想像它会是一位穿长袍的女子坐在椅子上吧。作品的名字和作品本身的形态直接地传达出诗意的情绪。这与雕刻家的青铜骑士，那种坚毅、奔放、雄伟的风格是大相径庭的。

安静温柔的女子，穿着雪白的长裙，犹如希腊女神般高贵典雅，她优雅地坐在椅子上，头部微微倾斜，目光停留在裙角的植物上，充满着爱意。裙角处有点枯萎的花朵被她用裙巾小心翼翼地遮挡着，不让外界的严寒侵蚀。那种安详温柔的情感，不用太多的修饰，细腻优美婀娜多姿的外形是女子善良内心的外在体现。作品没有古典雕塑的严肃，而是注入了生活气息的暖流，在寒冷的冬天，给人们带来了温情暖心的力量。

《冬》作者：法尔科内

法尔科内挑选的这块白色大理石本身带着俄罗斯白雪的银光，雕塑家在圣彼得堡度过的 12 个冬天，《冬》是他用亲身感觉留下来的印象。

《坐在椅子上的伏尔泰》

当我们穿过白色大客厅径直向前，在靠近冬宫广场这一面的最后一个房间中，有一位老者静静地坐在椅子上。这位老者穿着古代哲学家的长袍，身体微微前倾，由于年迈，脸颊已经十分消瘦，长袍下是老者孱弱的身躯，他充满着智慧，眼神里露出的

《坐在椅子上的伏尔泰》作者：让·安东尼·乌东

却是嘲讽和讥笑。他到底是谁?这样一座率直、冷静、写实的雕塑为什么会出现在冬宫?这就不得不提到一位著名的雕塑家让·安东尼·乌东(1741~1828年)。

法国大师让·安东尼·乌东生活的年代正是法国大革命时期，他的作品大多是当时启蒙时代伟大活动家的肖像，这也正是法兰西伟大艺术的核心和灵魂之所在。存放在冬宫的这位老者就是被称为法兰西思想之王、欧洲良心的法国启蒙思想家、文学家、哲学家——伏尔泰。

这位智者用其锋利的语言让欧洲所有的君主害怕，可是叶卡捷琳娜二世并不畏怯他,反而对他非常崇拜。他们拥有长达14年的通信联系。在叶卡捷琳娜二世统治下的俄罗斯达到空前的鼎盛，也是和这位思想家的影响分不开的。雕塑完成在伏尔泰逝世前，乌东并没有隐藏伏尔泰的衰老,反而给这个形象注入崇高感和意义性。在伏尔泰去世之后,叶卡捷琳娜女皇买下了他所有的藏书,并安放在离圣彼得堡市区21公里之外的叶卡捷琳娜皇宫的一个厅里,为了装饰这个大厅,女皇请来雕塑家复制了当时安放在法兰西喜剧院里的伏尔泰的雕塑。

1784年运来的复制品被安放在了冬宫,而伏尔泰的藏书最后转赠给圣彼得堡公共图书馆。

第三章

小、大(老)埃尔米塔什

小埃尔米塔什

当我们经过沙皇的圣乔治大厅，朝宝座后方的偏厅走去，我们会到达沙皇的皇家私人博物馆埃尔米塔什之小埃尔米塔什。最先走过的将是小埃尔米塔什里的古代宗教长廊。在长廊里展出了很多有关宗教的物品。最醒目的当属罗吉尔·凡·德尔·维登的《圣路加为圣母画像》这幅油画。

《圣路加为圣母画像》

传说中，圣路加是第一位为圣母玛丽亚画像的人，为了记录这一神圣的时刻，尼德兰著名的圣像画家罗吉尔·凡·德尔·维登，怀着对上帝的爱、对圣母之爱创作了这幅《圣路加为圣母画像》。

路加虔诚地单膝跪下，身体微微前倾，他仔细端详着圣母的脸，手上的画纸已经大体有了圣母脸部的轮廓。画面中的圣母变成了一位普通的尼德兰母亲，她不再具有神的光环，来到了普通人路加的家里。圣母松散着波浪般的富有光泽的头发，黑色和紫色的衣裙显得她大气而高贵。充满温柔和慈祥的目光注视着怀里的耶稣，给他哺乳。圣母的形象散发着浓浓

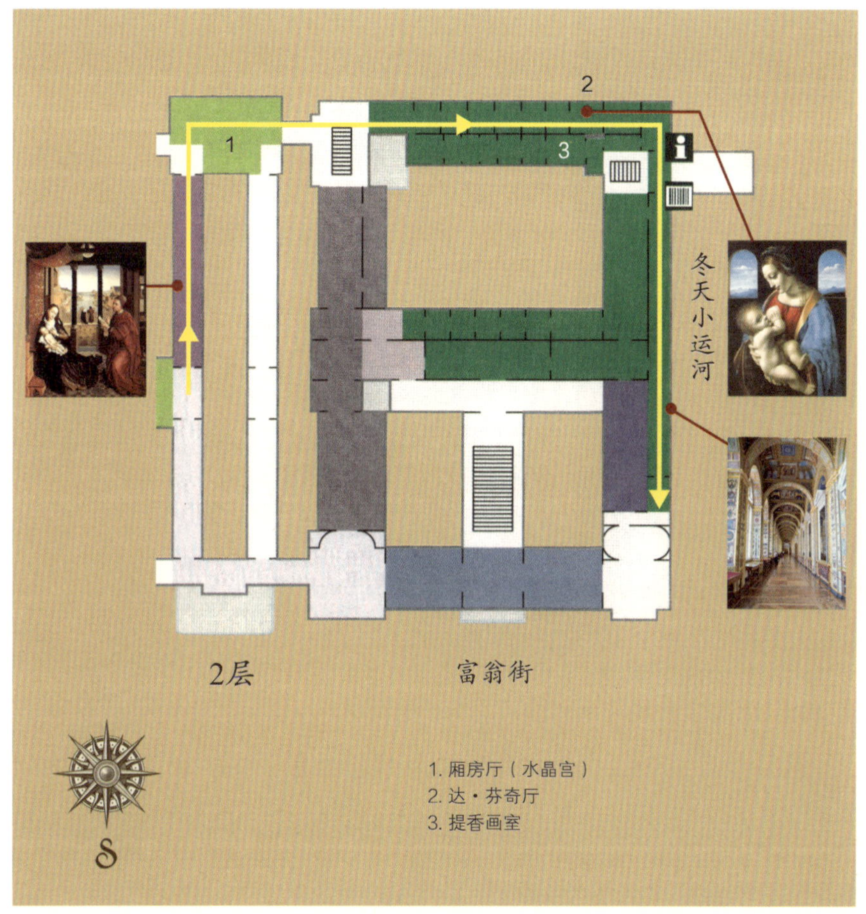

线路二、三：小、大（老）埃尔米塔什

的母性的光芒，画中的路加欲将这神圣而伟大的爱记录于画纸上。

罗吉尔，这位著名的圣像画大师将这样的场面重现于画布上，为我们解读圣路加为圣母画像时的场景。屋外的运河、人物、城市风光和屋内的一切自然协调地融合，给看画者一种实景写生的错觉。罗吉尔的目的达到了，这幅犹如相机记录瞬间一样准确的作品被埃尔米塔什永久收藏下来。

起初这幅画在 16 世纪作被分成了两半，博物馆只得到了左边的一半，也就是绘制圣母的一半。后来经过多方面打听和寻找，在 19 世纪时隔 300 多年后，再次找到了画有路加的右边一半。这样的几率和巧合不得不让人感觉到奇妙，于是博物馆的人开玩笑说，圣路加两次见到了圣母。

圣路加为圣母画像 作者：罗吉尔·凡·德尔·维登 作于约1435年

路加封圣之前原本是医生，他对宗教非常热衷，对耶稣也极度虔诚。他写了《圣经·新约全书》中《路加福音》和《使徒行传》，也记录了很多医学知识，用医术治愈病人，所以被封为圣人，他是医护人员的庇护神。又传说他是第一个画圣母的人，所以圣路加也被认为是美术家和艺术家的主保圣人。

在长廊里，我们可以一边欣赏长廊右边的空中花园，一边漫步在浓郁的宗教氛围里，被十字架、祭祀器皿、纺织物、各式各样盛圣水的仪器包围着，不知不觉，我们到达小埃尔米塔什最漂亮的一个大厅，厢房厅，也叫水晶宫。

厢房厅（水晶宫）

这座大厅位于小埃尔米塔什，就地理位置而言绝对没有第二个大厅能与它媲美。窗外流淌着衬映天空颜色变化的涅瓦河，在窗对面的一方连

厢房厅

厢房厅

接着空中花园的入口。大厅内部装潢也是独树一帜，中央被拱形结构的桥廊间隔着，不禁让人联想到意大利文艺复兴时期的建筑。大厅天花板的吊灯全部是由天然的水晶嵌挂，当夜幕来临，蜡烛被点亮，水晶灯折射出来的光晕可将大厅点缀得美丽而梦幻。

孔雀时钟

在靠近涅瓦河的一面放置着一座奇异的孔雀时钟，由叶卡捷琳娜二世的情人波将金在1788年时从英国定制而来，献给女皇。这个出自英国大师科克斯制作的绝美艺术品，现在已经荣升为冬宫的镇宫之宝。这座孔雀时钟由铁制作，再镀上厚厚的黄金，所以一度被人误以为是完全由纯金打造。在黄金的树桩上站立着一只傲慢的孔雀，它拥有着长而美丽的尾翼，在它的左下方站着一只公鸡，公鸡的旁边有个圆形的笼子，笼子里关

孔雀时钟

着一只猫头鹰，金树枝和茂密的金叶子一直往孔雀左上方延伸，在金树扎根的地方有一片蘑菇地，最大的一个蘑菇上面停了一只蜻蜓。时钟底座的边缘还镶满了大颗大颗的宝石，非常奢华。每当整点报时的时刻，骄傲的孔雀缓缓张开羽翼，在树桩上优雅缓慢地旋转。公鸡开始扑打着翅膀打鸣，嘹亮而高亢。关着猫头鹰的笼子也开始旋转，猫头鹰的眼睛也滴溜溜地打转，并且还煞有介事地点着头。蘑菇上的刻度也开始走动，蜻蜓按时间的节奏，一顿一顿地轻吻着蘑菇。不仅所有的动物形象都复活，同时整个时钟发出音乐盒般清脆优美的声音，奇妙至极，让到访者叹为观止。

泪泉

在桥廊与空中花园入口之间，有一块相对私密的凹进墙壁内的半圆形小厅，这是沙皇的私人会客小厅。小厅两边的墙壁上镶嵌着两座喷泉。在小厅对面，有通往厢房厅二层的阶梯，阶梯的两边对称地坐落着同样的两座喷泉。这样一模一样的喷泉一共四座，它们拥有碑体式的独特造型，创意十足。水流从上部的狮子头装饰的口中流出，落在一个由大理石制作的贝壳上，贝壳的底部制作了两个分流的小孔，孔眼不大，能将水流凝聚

泪泉

成水滴，在小孔的下方精确地安置了同样是大理石制作的贝壳，大小不一，错落有致，一共六层。这些水滴滴在贝壳的表面，发出不一样的声响，有时高亢，有时又低沉，若隐若现、温柔且空灵的叮咚声，仿佛在讲述着它的前世今生。没错，这样四座精美且造型独特的喷泉名叫泪泉，它们的背后隐藏着一段凄美的爱情故事。

鞑靼王吉列伊是一个热衷征伐他国的暴君，在他的世界里，只有战争和杀戮能使他热血沸腾。对于爱，他从来没有在意过，也不知其为何物。在他征战欧洲、铁蹄踏入波兰时，他屠杀了波兰郡主一家。正当他挥刀想斩杀郡主刚刚订婚的女儿时，他愣住了，被眼前的公主玛利亚惊人的美貌所吸引。于是，他收起屠刀，将她带回鞑靼。

美丽的公主一时间不仅失去家人，失去爱人，还被敌人俘虏，藏于深宫，终日只能以泪洗面。吉列伊折服于玛利亚的美貌，绞尽脑汁想博美人一笑。可是至亲至爱的离去带来的创伤，又怎能瞬间抚平。美人渐渐憔悴、枯萎。可汗吉列伊怜惜公主，萌生出浓浓的爱意，看到公主的眼泪和忧伤，竟也令他终日寝食难安。在后宫的争宠漩涡中，玛利亚最终难逃悲惨的命运，被人陷害致死。可汗吉列伊痛苦不堪，公主的离去留给他的只有无尽的思念之苦。于是他下令建造一座石碑，刻上对公主思念的碑文。为了表达自己失去玛利亚的悲伤，碑上雕刻了花瓣的泉眼，泉水流入下方层层交错的花瓶样的小池，池水充盈而溢，继续流入下方的小池，涓涓的流水代表着吉列伊因思念玛利亚流过的眼泪，花瓶样的小池代表着可汗的心。痛苦的泪水永不干涸，潺潺的泉水声更是让吉列伊想起了玛利亚悲伤的哭泣声。于是泪泉因此而得名。

普希金 20 岁那年被流放到俄罗斯南部，那里正是克里木汗王国的遗址。他来到了国都的巴赫奇萨赖宫，看到了保存完好的泪泉，诗兴大发，将凄美的爱情赋予诗歌的灵魂，创作了著名的长诗《巴赫奇萨赖的喷泉》。1850 年至 1858 年，埃尔米塔什的展示大厅着手内部装潢，由设计师史坦可·施耐德主持，依照巴赫奇萨赖宫的泪泉，建造了冬宫的这四座泪泉。淡淡的悲伤从泪泉的泉水中散发出来，让整个大厅充满着可汗浓浓的爱意和遗憾。同时也增加了大厅的故事性和神秘感。

美杜莎马赛克地板

在四座泪泉之间，靠近空中花园的一面，有一盏非常大的水晶吊灯，吊灯下镶嵌在地板上的马赛克绘画是让人停留的主要原因。这个由珍贵的木质镶嵌拼花和马赛克工艺组合而成的地板画，讲述的是蛇发女妖美杜莎的故事。

美杜莎本是一名美丽的人间少女，她拥有闪着波光的眼睛，发着金光的长发，玲珑有致的身材，世间的男子对她都爱慕有加，就连海神波塞冬都迷恋着她。波塞冬向美杜莎表达了爱意，少女受宠若惊，能得到海神的爱对于一位涉世未深的女孩来说，是多么的值得骄傲。于是美杜莎恣意地放纵自己的美丽，到处炫耀着海神的宠爱。甚至言语中暗加讽刺智慧女神雅典娜，说她的容貌没有自己迷人。这样的话语传到了雅典娜的耳朵里，她十分生气，一怒之下将美杜莎变成妖怪。美丽的金色头发消失了，取代它们的是缠绕在一起的毒蛇布满头顶。迷人的双眼失去往日的光芒，变成深不见底、好似失去眼球一般的黑暗深渊。并且这是一双恶毒的眼睛，谁只要与美杜莎对视，他(她)就会变成石头，就连神都不例外。美杜莎有两位姐姐，她们从出生就是妖怪，只有美杜莎是凡人。这下三姐妹都变成了妖怪，后来被人称为“戈尔工”。美杜莎就

美杜莎马赛克地板

美杜莎马赛克地板细节

是其中的蛇发妖女。再后来，宙斯的儿子珀尔修斯奉命将美杜莎的头砍了下来，那一瞬间，美杜莎的身体里蹦出了两个孩子，是她和波塞冬的儿子们。一个是人马佩加索斯，一个是巨人克律萨俄耳。珀尔修斯将美杜莎的头颅献给雅典娜，雅典娜将她的头颅嵌在了盾牌上。从此以后，美杜莎的形象一直被人认为有驱散邪魔妖怪的作用，因为与她对视的人和神都会变成石头。

我们可以在冬宫地板上找到美杜莎的儿子佩加索斯和克律萨俄耳，就在美杜莎头像的附近。我们还可以找到海神波塞冬为了接近美杜莎变成人马的样子，和美杜莎在海里嬉戏。

就在马赛克地板的旁边，有一个大理石制作的桌子，桌面的图案和地

美杜莎马赛克地板细节

板的图案是一模一样的，最令人惊奇的是，就连马赛克的数量都是一样。让人不得不赞叹艺术家们巧夺天工的手艺。不过，这样一个绝美的作品却是一个复制品，真品被发现在罗马附近的梵蒂冈宫里(1780 年)。据说是当时一块浴室的装饰地板。

1847 年至 1851 年，有四位俄罗斯人，分别是朗耶夫、萨尔策耶夫、莎帕瓦洛夫和费多罗夫，他们师从意大利著名的马赛克工艺大师巴尔别林，向他学习意大利马赛克工艺。这幅作品就是在老师巴尔别林的带领下复制的。当然这幅复制品和原品有所不同，大师和学生们进行了必要的改动。在神话人物的周围，加上了五颜六色的鲜花和水果，使之更具有生命性。用立体的花纹将波塞冬和美杜莎嬉戏的图案间隔开来，更容易让大家理解神话里的故事经过，也增添了故事的戏剧性。

1852 年，这幅出自意大利艺术家和俄罗斯艺术家之手的作品被镶嵌在展示厅的地板里。尽管今天我们看到的作品只不过是原作的四分之一，但是梵蒂冈宫内原品的精髓已经浓缩到了冬宫里，值得到访者仔细品味。

美杜莎故事在作品里当然没有被表现完，在希腊的神话故事里，她将永存，在华丽的宫殿里，美杜莎再次被艺术家们美化。就连那双恶毒的眼睛都在艺术家们的手中

上:马赛克桌面细节
下:用多种彩色宝石镶嵌的桌面

变成楚楚可怜的模样。也许她的命运，是她自己不愿意得到的吧，眼神里流露出的哀怨和遗憾，让所有经过身旁的人，停留下来，聆听她不得已的一生。

展示厅里还摆放着各式各样的圆桌，桌面都是马赛克工艺，还有用五彩缤纷的石头拼出的活灵活现的图案。总之，这样的一个艺术品展示厅，收藏了耐人寻味的艺术精华，是我们必然要到访的一个大厅。

大(老)埃尔米塔什

当我们经过厢房厅，透过窗户望去，宽阔的涅瓦河被圣彼得堡最大的岛屿瓦西里岛分割成了大涅瓦和小涅瓦，两条涅瓦河缓缓地流向波罗的海芬兰湾。美丽的母亲河像在引路一般，我们跟随她的方向径直向前，就能到达她指引下的大埃尔米塔什。

大埃尔米塔什(1771～1787年)也是修建于叶卡捷琳娜二世时期。当时小埃尔米塔什已经被女皇的收藏品占据，而女皇对艺术的执著，在她强大的购买力下变得一发不可收拾，于是收藏品的存放再次变成难题，这也许就是大埃尔米塔什出现的最主要原因。(至于为什么又叫老埃尔米塔什，是因为跟尼古拉一世在位时期修建的新埃尔米塔什一比较，大埃尔米塔什要显得老旧了许多，因此从那之后改名为老埃尔米塔什。)

达·芬奇厅

进入大埃尔米塔什，首先迎接我们的是意大利文艺复兴时期的艺术收藏区，他们被摆放在设计成穿廊的房间里。

这些穿廊房间有的是女皇的撞球房，有的是皇子的书屋，有的本来是用来安放叶卡捷琳娜二世日益增加的收藏品的，而后来新埃尔米塔什建成，收藏品有了新的安放地，于是这排涅瓦河岸拥有最美丽的窗外风景的房间变成了当时皇子们的寝宫，再后来又改建成正式的接待大厅、会议室、办公厅以及寝室。几经改变，到今天意大利文艺复兴时期宗教圣像画占据了穿廊房间的每个角落。

在穿廊房间的尽头，我们可以看到一个美轮美奂的大厅，名叫达·芬奇厅。

达·芬奇厅

整个大厅的装潢完美体现了那个时代工匠的高超技艺和艺术造诣。在白色和彩色的人造大理石镶嵌的光洁墙面上，泛着从窗外透进来的淡淡日光，整个大厅温暖、和谐。带有红色斑岩的墨绿色石头柱体，被嵌在金色的筑成繁复巴洛克风格的基座之间，房间的壁炉依然是白色的大理石，但在大理石内部，镶嵌了青金石，彩色的玻璃块，薄薄的碧玉装饰面，这些都是俄罗斯马赛克工艺的最高体现。天花板沿用当时的设计，依然是奥林匹斯山众神的画像，只不过这个大厅，在奥林匹斯山众神周围增加了几幅代表艺术、科学、贸易的油画，让这座大厅更加平易近人。最值得一提的是这个大厅的几道木门，全部都是由玳瑁贝壳镶嵌镀金黄铜，再制作成繁华富丽的巴洛克风格的装饰。整个大厅从天花板垂直而下的是 5 盏天然水晶吊灯，庄重不失典雅的大厅里一直保存着达·芬奇的两幅油画《拈花圣母》和《利塔圣母》。

《拈花圣母（别努尔圣母）》

圣像画的命名往往和此画的拥有者联系在一起，这幅作品最后的拥有者叫别努尔，于是这幅画也被叫做《别努尔圣母》。

作为文艺复兴美术三杰之一的达·芬奇，留在世上油画数量并不多，闻名世界的《蒙娜丽莎》留在法国巴黎的卢浮宫里，冬宫没能保留住那神秘的蒙娜丽莎，却给世人展现了达·芬奇圣像画领域的高超画技。

15 世纪，达·芬奇来到意大利佛罗伦萨，在那里，他开始学习绘画，展

《拈花圣母》作者：达·芬奇 作于 1478~1480 年

现出惊人的绘画天赋，并且开始创作有关圣母的画像。

在这幅圣像画中，达·芬奇用细致的明暗对比手法塑造出柔和的人物轮廓，使圣母和怀中的婴儿更加具有真实的生活的感觉。而这种明暗对比的手法，在后来达·芬奇的作品中也成为最常见的大师的绘画特点。

我们来看，画中的圣母和圣子，依然是神的样子，头上都有象征神的身份的光环。而在这幅画中，圣母却有着少女般的面容，开心地笑着，这也有别于其他严肃的圣母画像，画风更加平易近人。她将手中的小花交给圣子。圣子顽皮的小手接过花朵，隐喻着人类对未知世界强烈的探索心情，这也同样是达·芬奇学画时期对艺术强烈的渴望之情的体现。而达·芬奇对解剖学的研究，也给他在创作中准确地刻画出人物动作打下了基础。圣母开心的面庞，笑容牵动的面部肌肉，圣子坐在圣母怀里的姿势，还有小手接过小花的动作，都十分和谐和生动。再看那两朵小花，各自拥有着四瓣花瓣，刚好和十字架的形状相吻合，寓意着圣母将宗教重任交到圣子的手中，圣子开始了为宗教奉献一生的命运。在画面的右上方达·芬奇安排了一扇窗户，窗外即是蓝天，将空间感延伸，也给画面带来了明亮的光源，这也是大师心思细腻的表现。更有研究者认为，达·芬奇将自己的脸描绘成圣母的脸，若是真事，可见大师也有幽默的一面。

这幅画怎样来到俄罗斯，至今还是个谜，有传说是个著名的马戏剧团来到俄罗斯演出，而出自莱昂纳多·达·芬奇的这幅圣母画像作为了马戏团演出时布景的一个部分。原来伟大的收藏在最初时，也许只是不经意的停留，然后变成了永恒。

《利塔圣母》

利塔拥有了达·芬奇的另外一幅圣母画像，于是用自己的名字来命名。

从这幅圣母画像中，我们能感觉到达·芬奇画技的提升，圣母那近乎完美的慈祥的面庞，嘴角扬起一抹神秘的微笑，圣子调皮生动的姿势，和那能看穿世人的眼神，无一不在大师的画笔下淋漓尽致。

《利塔圣母》作者：达·芬奇作于1490~1491年

在这幅画里，圣母和圣子已经被达·芬奇描绘成普通人的样子，他们褪去代表神的身份的头顶上的光环。圣母就是那个时代的普通母亲，用丝带挽起了秀发，给怀中的婴儿哺乳。不过那红色的衣服和蓝色的斗篷却道出了圣母特殊的身份。还有圣子怀中的红头鸟，那是他为宗教洒露鲜血的寓意。在这幅充满人性温情的和谐画面中，达·芬奇又添加了两扇窗户，为将画面的空间感再度延伸，窗外有浮着白云的天空，有连绵的山峦，也同样为求光线的加入,突出圣母圆润的肩膀和柔美的轮廓。作为点睛之笔的圣子的眼睛,不管从那个角度看过去,他都在看着你,仿佛能跳出画布。那充满神秘和宽恕的眼神,将看穿站在画前的世人所有的罪恶。

1865 年,沙皇亚历山大二世从米兰收藏家利塔手中获取,并保存在埃尔米塔什一直到今天。

穿过达·芬奇厅的镶嵌着玳瑁贝壳的精美侧门,我们可以到提香画室看看去,那珍藏着提香几幅著名的作品。

提香画室

"在意大利,没有人能和提香的绘画天才做比较,甚至是拉斐尔和达芬奇。"——瓦萨利。

被誉为"西方油画之父"的提香(1485/1490～1576 年),有着达·芬奇的天份和拉斐尔的幸运,他的一生几乎没有受过任何的苦难,没有其他画家所经历过的大起大落。他游走于宫廷、皇室、贵族之中,刻苦钻研油画色彩光影的运用,完成了一幅幅旷世惊人的作品,成就了他几乎完美的一生。

出生于意大利北部的卡多莱小镇,如诗如画的环境给了提香最早期的艺术启蒙。10 岁那年,被父亲送到威尼斯和兄弟一起学习马赛克工艺制作。小小年纪的他感受到了文艺复兴带来的巨大震撼。没过几年,提香拜师乔凡尼·贝里尼门下,成为乔尔乔涅的师弟开始了他幸运的绘画生涯。

起初,他非常的崇拜乔尔乔涅的作画方法,于是模仿专研他的用色技巧和对光影的掌握。当时乔尔乔涅已经是小有名气的画家,并开始接受订画,提香参与完成乔尔乔涅的作品,以至于后来很多的画作已经分不清到底是出自哪位大师之手。乔尔乔涅去世之后,提香开始独立作画。

提香善于创作圣经和神话题材,但并不完全忠于圣经。由于文艺复兴的兴起,大师将目光对准了人的本身,更多的技巧用于描绘人体形态,用明快鲜艳的色彩强调了人体的美感。他的画被皇室和上层阶级所喜爱,并被查理五世封为贵族。这其中还有一段佳话：

有一次查理五世来到提香的画室，看到掉在地上的画笔，屈身为提香捡起。提香惊讶道："国王陛下，我不值得您为我这么做。"查理五世说："能为提香服务，甚至是皇帝的荣誉。"而在提香去世之后，查理五世非常悲痛："我可以再创造很多的公爵，但是却找不到第二个提香。"可见他在皇室里影响力非常之大。

在埃尔米塔什里，提香的作品虽然不多，但是安放的位置却是最引人瞩目的。回想刚才经过的约旦大使阶梯，那个让我们看画看得脖子都酸的画家是谁？没错，就是《奥林匹斯山众神》的作者，提香·韦切利奥。

《丹奈尔》

丹奈尔，是希腊神话中阿尔戈斯王阿克里希斯与欧律狄克的女儿，相传国王被预言将死于自己外孙之手。为了不让这个预言实现，国王用铜造了座塔，将自己的女儿丹奈尔关在塔内不让人接近。然而，丹奈尔的美貌不会被高塔埋没。宇宙之神宙斯被塔中美丽的女子吸引，于是每晚变成金雨，来到塔内与她相会。最后，他们爱的结晶出生了，就是帕尔修斯。而预言也变成了现实。这就是神话故事里的丹奈尔。

《丹奈尔》作者：提香·韦切利奥，作于1546~1553年

由于丹奈尔这个题材在众多的希腊神话故事里具有浪漫性和神秘感,也留给画家更多的想象空间和创作热情。于是在世界上多个大师级画家的手中均出现过,埃尔米塔什里除了提香的《丹奈尔》,还收藏了伦勃朗的《丹奈尔》(见伦勃朗厅)。

在老埃尔米塔什里，有个专门安放提香作品的房间，被称为提香画室。一墙之隔的地方就是达·芬奇厅。在提香画室里,《丹奈尔》摆放的位置是最醒目的了。但是这并不是提香唯一的一幅《丹奈尔》,而是他创作的众多《丹奈尔》中的一幅而已。1544 年,红衣主教亚历山德罗向提香订制,这是大师的第一幅《丹奈尔》。由于提香广为大众喜爱的创作手法,于是被请求多次复制。埃尔米塔什收藏的是 1546～1553 年间创作的《丹奈尔》,也是画家笔下堪称最完美的表现。

美丽的人体就这样大方地展现在大家的面前，丹奈尔面向观众依靠在富有威尼斯风格的豪华床上,头部微微向内侧倾斜,她弯曲着右腿,整个身体呈现 S 形状,妩媚动人。身边的老妇人贪婪地用围裙接着从天上洒落的金币,象征着人类贪婪的恶习。丹奈尔知道是宙斯到来,可是,她并没有表现出奴性的渴望和迎合上天的爱的姿态，这样的神情刚好和旁边充满贪念的妇人形成鲜明对比。宙斯微露半个脸庞,通过云彩间的缝隙欣赏着丹奈尔美丽的身躯。提香将画面的背景做了改变,高塔之外的青山白云被刻画得生动立体,仿佛丹奈尔置身于大自然之中。此刻的丹奈尔是充满着爱的女神的化身,相比伦勃朗的纯美的丹奈尔,提香的画作则用写实的手法记录了宙斯与丹奈尔的爱情故事。

《忏悔的抹大拉玛丽亚》

“以人为本”,“人性回归”是提香画中透露出的精髓。在他晚年创作的这幅作品被理解为体现了这一主题。这是一幅提香在 1560 年创作的作品,背景同样取自于《圣经》的神话故事。

相传有位叫抹大拉玛丽亚的女子,曾经身为妓女,过着腐化淫乱的生活。在耶稣的感化下弃邪归正,跟随耶稣修行,成为忠实的门徒的故事。提

《忏悔的抹大拉玛丽亚》作者：提香·韦切利奥，作于1560年

香所描述的是抹大拉向耶稣忏悔时的情形。

画面上这位做忏悔状的就是女主人公抹大拉玛丽亚。提香将她塑造为有血有肉的青春少女，拥有美丽的面庞，蜷曲乌黑发亮的头发缠绕在身体上，如薄纱般的衣服随意地搭在胸前，隐约露出少女丰腴的躯体。《圣经》下的骷髅头是静心修道的象征，同样也是死亡的象征。少女努力研读《圣经》，体会到其中的意义，向耶稣祷告，祈求饶恕她的罪恶。那乌黑明亮的眼睛里充满着悔恨的泪水，右手放在胸前心脏的位置表达了她的诚心。身后是提香安排的半黑暗世界里的自然景物，像暴风骤雨来临前的样子，充满着将要吞噬人物的力量。提香的这种描绘方法并不是随意想来的。这和威尼斯当时的社会形态息息相关。

中世纪，被专制教皇和暴虐的宗教法庭统治下的人民长期生活在恐惧、痛苦之中，宗教宣扬禁欲、苦行，使民众长时期处于彷徨和绝望之间。这个时候的欧洲，意大利身处地中海贸易集中地段，也最早出现了资产阶级。经济发展必须摆脱宗教束缚，提倡人性，倡导思想解放，反对神论和一切封建活动。于是由资产阶级发起的文艺复兴开始在意大利拉开序幕。

16世纪，威尼斯进入文艺复兴时期，人们开始对神的力量表示怀疑，并通过文学艺术的形式逐渐表现出来，甚至更多的人认为人才是主导的力量。提香的这幅作品表面上看来确实是描绘充满激情的少女向上帝忏悔自己的罪孽，可是画家的本意是想借用这样的题材来表现世人想冲破宗教束缚达到完全解脱的情感。当然，提香的这一想法必定实现不了，抹大拉身后风云变幻的天空预示着意大利残酷的历史背景，布满悲剧色彩。抹大拉眼中对幸福追求无望的泪水，却流进了每个文艺复兴时期的人们的心里。

《圣塞巴斯蒂安》

许多英雄人物在宗教题材的作品里面层出不穷，大义凛然的形象被艺术家塑造了一遍又一遍。塞巴斯蒂安也是如此。

这是一位米兰长大的年轻人，他拥有高大、健硕的身躯，配合着阳光、俊美的面庞。20多岁的他就已经担任了皇帝戴克里先的禁卫军队长。

《圣塞巴斯蒂安》作者：提香·韦切利奥，作于1570年

当时的罗马正好经历着历史上对基督徒实施迫害范围最大、最残酷的时期。在军队里，凡是基督徒都要被逐出军队，或者处死。塞巴斯蒂安私底下也是虔诚的基督徒，对此，他焦虑不安。

直到有一天，噩运降临。在他的手下，有两名士兵被发现是基督徒身份，将要被带走并且判处死刑。身为他们的领袖及朋友的塞巴斯蒂安再也按捺不住对这样不公平行径的愤怒，他决定挺身而出，为他的同伴们辩护。最后他不仅暴露了自己基督徒的身份，还遭受了酷刑。

执行命令的士兵把塞巴斯蒂安的衣服撕掉，并且捆绑在大树上，然后用乱箭将他射死。刽子手看到塞巴斯蒂安已经死去，便离去。谁知道，基督徒被神灵庇护，虽然塞巴斯蒂安身上多处中箭，也很深，可是却没有伤及致命的部位，从昏死中醒来的他被一位善良的妇人伊琳娜救起，并为他治疗伤口。

当塞巴斯蒂安又一次出现在国王戴克里先面前时，迫害者简直不敢相信自己的眼睛，他们不愿意听到从塞

巴斯蒂安口中说出来的为基督徒辩论的词句，不愿意看到这个对于他们来说是背叛者的人，于是国王下令，将他乱棍打死。塞巴斯蒂安以身殉教，被封为圣人。1 月 20 日就是纪念他的节日。

这是唯一的、在所有圣徒中死过两次的英雄，是人们崇拜、敬仰的对象。故事里的情节一直激发着艺术家的想象，他们按自己审美的标准，赋予塞巴斯蒂安各式各样英俊的面庞，健壮有力的身躯被捆绑在大树上，射在身上的箭带给英雄极大的痛楚，这样的英雄主义化身在文艺复兴时期在绘画作品中大量涌现出来。

提香的这幅《圣塞巴斯蒂安》不仅具备了故事情节，还加入了更多的渲染。富有戏剧色彩的背景表现了那个时代基督徒处于水深火热如炼狱一般的环境里，主人公痛苦却仍然带有希望的眼神，仿佛预示着基督徒必将迎来的胜利。健美的身躯在提香故意模糊不清的线条里尤为凸显力量，这就是画家独到之处，他并没有像别的画家一样，用生硬的线条去刻画英雄的身体，我们仔细看画的表面，感觉是画家随意涂抹出来的一样。提香在晚期创造的这种描绘方法被后来者争相模仿。

今天在埃尔米塔什提香画室里出现的这幅高 2.1 米的油画其实是一个拼接品。因为，在一开始，提香并没有想绘制塞巴斯蒂安的全身像，只画了他的上半身。后来在创作的过程中，提香在另一块画布上试着将塞巴斯蒂安的下半身描绘出来，直到最后，再将两部分拼接起来，画家在英雄的脚部处理上显露出了当时的随性之举。在塞巴斯蒂安右脚上还有草图勾勒的鞋子模样。不管怎么说，这是有别于其他画家的一幅精品之作。它在提香的家里一直保留直至 1576 年画家去世。1581 年被巴巴里戈家族收藏，并在之后连同另外四幅威尼斯画派的作品一起来到了埃尔米塔什。

对圣人的生活我们其实知道得很少，但是通过对地理、人文历史的考察和研究，或多或少能发现圣人的痕迹。这其实就是我们真实的人自己向往的精神高度。艺术家的创作，就是对这样的高度再次进行了升华。能在提香画室里欣赏到提香晚期娴熟的绘画作品，也通过画面了解了背后有趣的历史故事。不得不说埃尔米塔什就连当时最小的接待厅里，都充满着艺术气息。

在提香画室附近的穿廊式房间里，我们可以发现这样一幅画面残酷的作品，她有怎样的故事？她是怎样的背景？让我们走近乔尔乔涅的《朱迪斯》。

《朱迪斯》

乔尔乔涅（1478～1510年），威尼斯画派的著名画家，他的全名是：乔尔乔·巴巴雷里·达·卡斯特弗兰克。乔尔乔涅是他创作时用的笔名，取“明朗”，“优雅”之意。画家出生于威尼斯周边的一个叫卡斯特弗兰克的小镇，早在他少年时期就表现出对艺术的执著和热爱。早年曾跟随威尼斯画派的创始者贝利尼学习绘画，聪明的少年不仅继承了老师的衣钵，而且由于他深爱达·芬奇的作品，揣摩研究达·芬奇明暗对比的光影手法运用，将两种技巧灵活地融汇于自己的画作中。

《朱迪斯》作者：乔尔乔涅，作于1495~1500年

这幅《朱迪斯》是以《圣经·旧约全书》里的故事为题材的创作品，朱迪斯是狄迪亚城一位年轻貌美的女子，本该在小城里过着幸福快乐的生

活，可是，亚述人的到来犹如噩梦一般，他们烧杀抢夺，无恶不作。看到自己的亲友在敌人的刀剑下纷纷离去，自己的城市快要被攻陷，朱迪斯决定潜入敌营。她利用钱财收买守卫，穿过层层关卡，用自己的美貌俘虏了统帅奥洛菲尔。当得到了统帅的信任后，朱迪斯用自己的剑砍下了奥洛菲尔的脑袋。画面中那个践踏敌人脑袋的女英雄就是朱迪斯，她的脸上凝固着奇怪和诡异的微笑，可见战争带给人们是多么矛盾和复杂的心境，朱迪斯是感性的女性美的代表，是战胜暴政的天使。她右手撑着锋利的宝剑，左手将裙摆轻轻提起，露出修长的左腿，脚下踏着奥洛菲尔的头颅，那失败者的头颅居然还保留着生前的掠夺、高傲和不可一世的表情。在文艺复兴时期，英雄主义题材曾被广泛采用。这样，艺术家们能将英雄人物最深刻、最完美地表现出来。这幅《朱迪斯》，以其活灵活现的人物动作和神情无不在发扬着威尼斯画派的精神。

1968 年，埃尔米塔什的修复专家们拿到了这幅画，它的色泽都已经褪去，并且发灰发暗，毫无吸引力。博物馆的修复人员花了近 4 年的时间修复，根据画家乔尔乔涅固有的画风，恢复明暗细节，调和整体色调，于是《朱迪斯》又再次出现在世人面前。

《女人肖像》

柯勒乔(1494～1534 年)，原名为安托尼奥·阿来里，把家乡柯勒乔作为艺名更是表达了画家对家乡的热爱。柯勒乔是 16 世纪早期的创新派画家，也是意大利文艺复兴时期最伟大的画家之一。作为壁画装饰艺术的开拓者，他的作品都被封存于大教堂的天顶和墙壁上，保存在冬宫的这幅《女人肖像》，是大师少有的肖像作品。

画面中的女子，体态丰腴圆润，端庄优雅地坐在被常春藤围绕的桂树下，右手向世人递过似乎盛着清水的碗。这位女子到底是谁，她给世人的一碗清水是琼汁还是毒药？这些都是画家赋予女子神秘的微笑的原因。

我们来看，常春藤围绕在桂树上代表着永恒，她身穿黑白相衬的裙袍象征着哀悼，那碗中盛着的正是能让世人忘记疼痛的良药呀，“喝吧，能忘记痛苦”。在碗口边缘，我们能看到一排小字，据考证是希腊语，当时柯勒乔刚从罗马返回(1518年)。根据衣着、外貌和年代，研究者发现，这位女子应该是柯勒乔当时的好友，著名女诗人维罗妮卡。而柯勒乔的这一作品，正是在提醒世人女子在文学中的地位是不可忽略的，同时也赞扬了女性的文学创作犹如常春藤一样，让人难以忘怀。

《女人肖像》作者：柯勒乔作于约1519年

柯勒乔善于绘画女性，而他笔下的女子大都体态丰满圆润，在柔美和妩媚中寻找出端庄的定义，其作品格调明快，风格鲜活，为世人所喜爱。

在意大利13～18世纪展区，有一条非常独特的长廊，是女皇专门为安放一个冬宫里最大的复制品而修建的，并且赐给它最好的地理位置——座落在老埃尔米塔什靠近冬运河边。当我们经过埃尔米塔什剧院的入口，就能被眼前这拥有时光机般魅力的拱形长廊所吸引。我们到达拉斐尔长廊。

拉斐尔长廊

在埃尔米塔什穿廊式结构的建筑群中，最不可缺少的，便是长长短短、错综交织的长廊。在众多的长廊中，要数拉斐尔长廊为最。

这条长廊位于新埃尔米塔什冬运河岸边，与埃尔米塔什剧院遥相对应。当我们漫步于宫殿内部，走进意大利展品大厅，一定会被这条长廊吸引，停住脚步。文艺复兴时期，由设计师布拉曼特设计，1515年到1518年，由拉斐尔和学生绘制完成。叶卡捷琳娜二世见到拉斐尔水彩画的雕刻，非常喜欢，希望能有和原作品一样的复制品，于是在18世纪，在圣卢卡学院弗兰兹·理查德的带领下从梵蒂冈复制到画布上。1779年，亚科目

拉斐尔长廊

到访，使得叶卡捷琳娜二世的愿望成真，他带来了梵蒂冈画廊的尺寸。于是冬宫内的拉斐尔长廊开始修建。

被 13 道拱门隔开，门和门之间的天花板上被《圣经·旧约全书》中的故事充满，从第一道拱门的上帝造日月、造人类，到最后面的创世纪，被称为“拉斐尔圣经”。时光机的魅力就在于此，短短的 13 个拱门，带着我们穿越了《圣经》里的故事。

考虑到冬天圣彼得堡严寒的天气，在靠近河岸的墙面上装上玻璃，与外界隔开，在玻璃对面安装了镜子，使得空间得以开阔和延伸。在壁画上，我们可以发现，是镜面的效果，如果我们在左面墙上看到的是人的脸，那么在对应的右面墙上一定是他的后脑勺。在拉斐尔创作时期，这样的壁画都是用从植物中提取的天然色彩来完成，而冬宫里的，已经采用油画颜料，不得不说，拉斐尔长廊是冬宫里最美丽、最庞大、最真实的复制品。

第四章

新埃尔米塔什

1837 年，冬宫遭到了一次巨大的破坏，就是发生于 12 月 17 日严冬夜晚的火灾。由于当时的冬宫在设计取暖炉的结构上存在着不足，排放烟的通道和建筑物之间的木质结构并没有过多的隔离及防护，以至于烟道中的煤烟燃烧时，点燃了木质结构，从而蔓延到楼层的隔板，引发火灾。这场大火持续了近 30 个小时，某些区域甚至燃烧了 3 天。大火后的冬宫惨不忍睹，镶嵌在墙壁上的壁画、浮雕各式各样镶嵌物荡然无存，虽然大量的珍宝还是被抢救了下来，但是这场大火无疑是冬宫的一场浩劫。

次年在沙皇尼古拉一世的命令下随即展开了宫殿的修理复原工作。

沙皇尼古拉一世在修复冬宫的时期里，开始着手创建皇家博物馆。第一个工作就是重新整理前任沙皇们的收藏品，并且修建一座符合皇家气派的收藏馆，取名为新埃尔米塔什。这座建筑物集合了最新颖的风格、最现代的设计，这个“新”是名副其实的。

拉斐尔厅

拉斐尔厅可以说是新埃尔米塔什里最重要的大厅之一，里面存放了文艺复兴美术三杰之一——绘画大师拉斐尔的几幅作品。

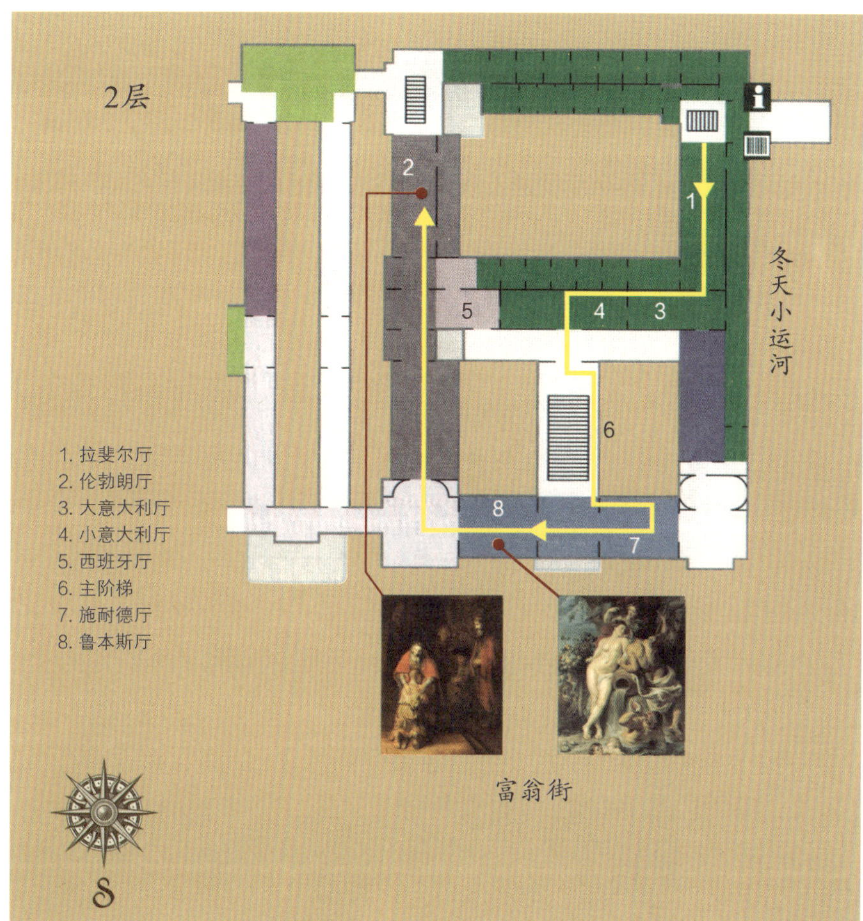

线路图四：新埃尔米塔什

拉斐尔厅

《科涅斯塔比列圣母》

由于这幅作品最后的拥有者叫科涅斯塔比列，于是命名为《科涅斯塔比列圣母》。

拉斐尔擅长于圣母的画像，在他的作品里，圣母都充满了母性的温暖，将人文主义思想体现得淋漓尽致。

画面中圣母温柔的眼神关注着怀中的圣子，圣子早已被圣母手中的书所吸引，书中正是圣子一生命运的叙述，可是他却毫无退却之意，坚毅的眼神，要将他的命运一读到底。圣母脸上却泛起了忧郁的神情。画面中人物线条的刻画非常柔和，背景、细节的处理都是采用文艺复兴时期绘画趋向于表达细腻思想的手法。而拉斐尔也将自己的家乡融入了背景中，给作品带来真实的感觉。在强调自然和精神的力量的这幅作品里，我们体味到了大师的天赋和用心。

这是幅拉斐尔 20 岁时创作的作品，灵感来自于当时他的老师佩鲁基诺创作的《圣母和婴儿，手里拿着石榴》。1881 年，画从木板上转移到画布

《科涅斯塔比列圣母》作于 1502~1503 年

上的时候，被专家们发现，圣母手中确实是一个水果，而不是一本书。至于大师为什么将象征激情的水果变成了主宰圣子命运的书，而这到底会不会破坏画面的和谐，看到今天陈列在拉斐尔厅里的《科涅斯塔比列圣母》之后，我们的答案是否定的，大师过人的艺术天赋，将人物掌控于笔端，怎样的变化，都逃不开大师最初的设定。

《神圣家族》

在拉斐尔创作完众多圣母画像之后，他开始着手于我们现在看到的这幅《神圣家族》。

神圣家族，作于1506年

这是一幅描绘圣家族温情场面的作品。画家将神圣的家庭用柔和圆润的线条描绘得平易近人，亲切自然。这幅画的构图十分严谨，没有特别突出谁，也没有次要之分。一切都在画家的掌握之中。圣约瑟慈爱地看着圣子，圣子好像明白了圣约瑟的眼神，回望着他，而圣母用充满女性关怀和温柔的眼神注视着圣约瑟。这样温情的眼神交流不知不觉中形成了一个环，三者合一的光环，是外界不可以攻破的结构。

圣子的右手牵扯着圣母蓝色的衣襟，从圣母脖子绕过去之后，和圣约瑟身上的绿色衣服相互辉映，而最后的色彩又回到圣母蓝色的裙摆上，这又是一个美丽的色彩之环，拉斐尔将三人的情感通过眼神和衣服的色彩勾勒出完美的光环，这光环将世俗世界的骚动和欲望隔离，留下的只有长者的沉稳智慧、女性的温柔纯洁和儿童的天真无邪。

《小孩与海豚》

在拉斐尔众多的壁画中，有一幅描述小孩与海豚的希腊故事。

小男孩生活在海边，常常到海里戏水，海豚发现了这个善良的男孩，他们做了好朋友。从此，海豚经常和男孩在海里游玩、嬉戏，带他冲浪，享受大海带来的乐趣。

一天，小男孩等了很久，没见海豚到来，于是，他决定自己往大海深处游去。突然间海面刮起了大风，海水逐渐开始变换成漩涡，海里一些邪恶的鱼妖出现，想将小男孩吞食。小男孩用力挣扎，想游离漩涡，可是力气太小，而且漩涡的力量也开始越来越大。精疲力尽的小男孩被鱼妖的鱼翅弄得遍体鳞伤。海豚出现了，千钧一发的时刻，救起了小男孩，奋力将他托起向岸边游去。

终于到达岸边，小男孩已经奄奄一息了，海豚依然保持着救起他的样子，一动不动，他伤心地流泪，不愿离开自己的好朋友。

这样纯真的感情感动了洛伦佐，他选出洁白的大理石，开始进行创作。起初这个作品是为喷泉创作，后来又保存到了埃尔米塔什。我们在拉斐尔厅里看到的，就是这个充满力量的海豚拯救小男孩的精美作品。

小孩与海豚

《蜷着身子的男孩》

文艺复兴美术三杰之一米开朗琪罗，在冬宫的众多收藏中，怎么能少了这位大师的作品？我们眼前的正是大师非常富有争议的“蜷着身子的男孩”。

米开朗琪罗大部分的作品都保存在大英博物馆，这幅作为遗珠之憾而留在了冬宫。在最近才被证实，这个作品也是属于美第奇家族的收藏品，美第奇家族是米开朗琪罗作品的第一个顾客，当然也是意大利文艺复兴的推动者。后来被莱德布朗购买，于 1851 年转入圣彼得堡国立美术学院门下，最后被送入冬宫收藏。

这个作品大约是在 1530～1534 年间完成，这个雕塑造型的出现，是大师当时处境的一个拟喻，是一个男孩的形象，更或者是一个尚未出生的灵魂，注定要从天上降下。更有研究者发现，创作的那个年代正是佛罗伦萨沦陷的时间，而米开朗琪罗作为保卫者不得不藏身在修道院里。那段时期，大师感觉到极度的痛苦，精神紧张，但却充满力量。就像这个男孩将插入脚里的刺，忍着疼痛拔出来。这样的姿势，无疑是很有张力的，男孩背部的肌肉线条完美地展现在世人面前，那富有力感的躯体，象征着大师富有

《蜷着身子的男孩》
作者：米开朗琪罗
作于 1530~1534年

《蜷着身子的男孩》局部

创作力的灵魂，无论怎样的束缚，都不会是大师创作的桎梏。

研究者对这幅作品似乎很有争议，大致分两类，其一：这是大师未完成的一幅作品，看其表面粗糙的大理石纹路并没有像大师其他作品一样被打磨、抛光。其二：这是大师已经完成的作品，未经处理的雕塑表面，正是大师展现雕塑力量的手段，立体、生动。而谁是赢家呢？对于这样的一幅作品，只要能给人们带来心灵和视觉的冲击，输赢自然不重要了。

伦勃朗画作

在新、大（老）埃尔米塔什和小埃尔米塔什相邻的一面，存放着荷兰17～18世纪的艺术作品，这部分是埃尔米塔什最骄傲的收藏之一。它们的完整性和特殊性，是到访者不得不停留的原因。因为全世界除了荷兰之外，最能代表荷兰“黄金时期”的作品，就收藏在埃尔米塔什里，并且数量超过一千幅。其中，最著名的当属伦勃朗的油画。

伦勃朗是人类历史上最伟大的艺术家之一。1606年7月15日出生于荷兰莱顿一个富裕的磨坊主家庭。1613年，年仅7岁的伦勃朗开始了他的学习生涯。先是在莱顿的拉丁学校学习。在这里，他不仅能学到拉丁语，还有拉丁国家的风土人情，更重要的是，古代艺术家的作品也开始进入了他的视线，并慢慢对他产生影响。出于对未知世界的好奇，再加上个人的勤奋，伦勃朗作为优秀的学生被记录下来，并被推荐到荷兰的莱顿大学学习。

14 岁的少年，能进入莱顿大学学习，一直以来是家族的荣耀。莱顿大学作为一所古老的贵族大学，从 16 世纪创立开始，就与荷兰的皇室保持着非常密切的关系。这座大学的创立是由皇室下达的命令，而之后的管理也是由皇室委派人员。大学创立时期恰巧是科学革命的年代，哥白尼提出日心说，伽利略开创科学实验传统，新大陆相继被发现，等等等等。当这些伟大的成就都使人们的思维从封闭的世界走向无限的宇宙之后，大学的诞生，马上承担起将先进的知识传授给人们的重要责任。短短半个世纪，莱顿大学吸引了欧洲最著名的学者任教，教授最先进的自热科学，学子们纷纷慕名而至，一时间，莱顿大学在科教方面领先于欧洲，成为知识领域最广阔的大学。

就在科学飞速发展的时代，伦勃朗的兴趣却逐渐从科学领域转移到了艺术领域上。父母的期望顿时备受打击，不过，在磨坊主看来，儿子的兴趣才是最重要的。于是，家里人开始支持伦勃朗的艺术之路，还特地把他送到雅克布.W.S 的绘画工作室学习。

三年的时间，伦勃朗一直在莱顿的工作室里刻苦学习。结束三年的学徒生涯之后，伦勃朗来到了阿姆斯特丹。在那里，他被推荐给当时著名的历史流派绘画大师彼得·拉斯特曼。

在拉斯特曼的工作室里，伦勃朗被周围的绘画作品所吸引。对那些《旧约》里的故事场景，充满了浓厚的兴趣，而古代历史形象开始唤醒这位来自莱顿的年轻人。

当伦勃朗从阿姆斯特丹回到莱顿时，他早已不是当年那个只有冲动而毫无所学的少年，而是一位独立的艺术家，真正开始他的创作生涯。那年他只有 21 岁。

在熟练掌握素描、油画、蚀刻画之后，又在老师拉斯特曼的影响下，那些历史画、宗教画、肖像画、风俗画、风景画，一度成为伦勃朗的主要创作题材。这期间，他还开创了新的绘画形式——版刻画。自己的绘画特点也逐渐成型。1628 年，艺术家招收了第一个学徒杰拉德·多乌。在创作的同

上:国会阶梯
下:伦勃朗厅

时,伦勃朗开始教授画技。

如果说伦勃朗在莱顿是他的起步时期,那么几年之后,他又来到阿姆斯特丹,开始他创作的高峰期。

《蒂尔普教授的解剖课》让伦勃朗的作品一下进入到人们的视线,传统呆板的构图已经在伦勃朗的绘画世界里消失,取而代之的是自然生动的人物形态。此后十年，这位阿姆斯特丹最受欢迎的画家，他的肖像画、宗教画以最讨人喜爱的巴洛克风格席卷了人们的视野。这期间，画家与妻子莎斯基娅的爱情也感动着大家，在众多肖像画里，对家人的描绘也是画家最擅长的方式之一。画家美丽的妻子莎斯基娅是他最忠实的模特，他将妻子扮成花神，于是艾尔米塔什里有了《花神》，他将妻子变身为丹奈尔，于是埃尔米塔什里出现了《丹奈尔》。

快乐富足的生活在伦勃朗的生命里没有停留太久，妻子的离去，使他悲痛万分。而后来的创作也被这样悲伤的情绪左右。《夜巡》的出世，更是将伦勃朗的生活推下高峰。

当时的荷兰处于绘画风潮泛滥的时代，雇主的满意度直接影响着画家的名气。一天，一位连长找上门来，想请伦勃朗为他及手下 16 人创作肖像画，并且每人付了 100 盾作为酬劳。伦勃朗依旧坚持着自己的生动灵活的构图风格，作品完成之后，却并没有得到订画人的认同。民兵们心想，每人都付了 100 盾，为什么有些人成了画面的主角，有些人却只露出半个身体。于是民兵们要求伦勃朗重新作画。但是，伦勃朗拒绝了这一要求，并坚持自己的艺术主张。事情在阿姆斯特丹传播开来，久而久之，订画人越来越少，画家的收入开始减少，生活也变得窘迫。最后，这幅构图极具创意的作品被裁剪，并随意挂在了取暖大厅里，长久被炭火熏烤，使得画面颜色越发灰暗。以至于后来，人们认为这一应该发生在白天的巡查行动，发生在了夜晚，于是取名为《夜巡》(如今保存在荷兰阿姆斯特丹国立博物馆)。

在伦勃朗晚期的创作中，那种生活的重压给画家带来的影响铺满画布。对自己年少时经历的种种的感慨，他历经 10 年，创作《浪子回头》。这期间，伦勃朗搬离阿姆斯特丹市区，来到郊外，在犹太人居住区里继续作画。他把更多的注意力转移到了周围的老人身上，他在他们身上，看到了时光，看到了经历，看到了沧桑，《红衣老人肖像》就诞生在这个时期。

艾尔米塔什作为大师最丰富的收藏馆，将大师的作品安放在最显眼的位置，让这光与影的完美结合延续。离开人世的大师在留下的作品中永生。

从小埃尔米塔什展示大厅(水晶宫)出来,走进老埃尔米塔什,我们能看到这幅《浪子回头》赫然醒目地摆放在伦勃朗厅入口的位置。过往游客都想知道画面背后的故事,于是不得不绕过国会阶梯,进入伦勃朗的世界。

这个厅里展出了伦勃朗一生中巅峰时期的作品，当然最代表大师的履历沉淀就是这幅《浪子回头》。

《浪子回头》

《浪子回头》这幅作品,是伦勃朗晚年的作品,也可以说是画家毕生最具价值的作品之一。早期收藏在巴黎 D.Amezyun 公爵的收藏馆里,直至1767 年入住圣彼得堡埃尔米塔什博物馆。

伦布朗相信《圣经》是灵感不竭的源泉福音,并喜爱以其中的故事为原型进行创作,这使得他的绘画作品更具独特魅力。

首先,让我们来了解一下《浪子回头》在圣经中的故事原型。

丢失了的儿子

有一位父亲,他有两个儿子,住在一幢漂亮的大房子里,非常的富有。父亲对孩子细心的照顾,给他们衣食无忧的生活,他们每个人都拥有漂亮的衣服,一枚黄金的戒指,还有可以载他们行走的骆驼。

大儿子很听话,认真完成父亲交待的事,父亲很爱他。小儿子却让父亲很操心,他常常淘气,但是父亲同样也很爱他。可以说父亲对两个儿子给予了同等的爱,也寄予了深切的期望。

有一天,小儿子爬上了一座山,可以看到很远的地方,他想:在那遥远世界里,一定有比这更美丽更有意思的事物,我要去那里。

于是,他回到家,问父亲要了一口袋的钱,准备上路。父亲听说孩子要远行,很伤心,多次劝他,但是小儿子无动于衷,坚持离开。小儿子穿上了漂亮的衣服,骑上骆驼,催促着父亲给他装满一口袋的钱。父亲无可奈何,只好满足他的要求,小儿子高兴地接过钱上路了。父亲伤心地看着小儿子离去的背影,心想，自己将失去一个孩子了，非常悲伤。

小儿子来到遥远的地方，终日里被大千世界所吸引，用父亲的钱过起了花天酒地的生活，直至那一口袋钱都不能支付他的开销，他便把骑来的骆驼卖了，继续以往的生活，直至那卖骆驼的钱也无法给他的大手大脚付账，于是他又把父亲给的金戒指卖了……钱都有用光的时候，等到身无分文时，周围的朋友们也离他而去，饥肠辘辘的他开始了乞讨的生活。不幸的是他所在的国家在闹饥荒，谁又能分给他粮食呢？于是他决定去当雇工，以换取自己能生存下去的口粮。当雇工的生活是艰辛的，身上早已是衣衫褴褛，还得和牲口挤住在一起，对于一个雇工，吃不饱是常有的事，他甚至还和牲口抢食，最终还被雇主家发现，遭到辱骂……

远离家乡的生活痛苦不堪，这时候他想起了他的父亲，想起了以往温暖富足的生活，流下了悔恨的泪水，"我要回到父亲身边去"！他下定决心起身返程。

一路上历经辛苦，也饱受内心的折磨，当他回到家乡时，大家都已经不认识他了，出去时是富家子弟，回来时已败落成乞丐，面对街坊的交头接耳，他几乎失去前行的勇气。

前面，是谁站在房子的前面，是谁向他这边张望，是谁飞快地朝他跑来，正是父亲呀。父亲一下就认出了他，这个让他朝思暮想的小儿子。他一把抱住儿子，亲吻着，小儿子也跪在了父亲的面前，承认了自己的错误"父亲，我太坏了，不配做您的儿子"。父亲用颤抖的双手轻轻地拍打着儿子的背，"你还是我的儿子，我依然爱着你……"

父亲叫来仆人，给小儿子换上漂亮的衣服，戴上戒指，杀猪宰羊庆祝儿子归来。

耶稣说："一个罪人悔改，在神的使者面前也是为他欢喜。"

故事说到这里，这幅画带给大家的画面意思也就浮出了水面，那跪在地上的就是父亲失而复得的儿子，画面中的父亲仍然是一副慈爱的表情，双手轻拍着儿子的背原谅了他。

《浪子回头》(一)
作者：伦勃朗 作于 1660 年

让我们来看整幅画面，依然是伦勃朗个人作品的风格，采用强烈的明暗对比，用光线塑造人物的形体，画面层次非常丰富。常有人说，伦勃朗是在用黑暗绘成光明，一点也没错。画面中，我们还可以看到左上方，在黑暗中有个女人，同样，这也是画家将画面延伸的一个做法，通过阴影、明暗的对比，表现出房间的空间感。而父亲的脸也被特别鲜明地照亮，放射出慈爱和智慧的光芒。父亲的双手被伦勃朗画成一只似女人、一只似男人，代表着母亲的慈爱和父亲的鼓励。儿子的左脚由于见到父亲心情激动，鞋已经散落在旁边，这样的描绘同样是小儿子历尽艰辛的一种表达。

浪子回头局部

面部的感觉达到可以传递人物内心的戏剧效果，这也是伦勃朗一生研究追求的成果。年迈的父亲面容沧桑，儿子的脸却几乎处于父亲怀抱的阴影中。而周围处于光线下的旁人，对父亲宽恕儿子的及时和迅速，表现出了怀疑之心。左上角那个处于阴影处几乎看不到的女人的人物刻画，表现了一种静态的、隐性的期望，同时也吸收了所有来自情绪上的压力，从暗部空间中脱颖而出，对比强烈的光线，这处黑暗中的刻画使画面有了一个非凡的深度。

这是伦勃朗晚期的作品，凝聚了画家很多的心血和丰富的感情，再加上伦勃朗当时已经贫困潦倒，所以绘画的心路又显得多了一份苦涩的情感。就像《路加福音》第十五章，耶稣说过："一个罪人悔改，在神的使者面前也是这样为他欢喜。"不管怎样，存放在埃尔米塔什伦勃朗厅里的这幅《浪子回头》，是值得欣赏者回头的巨作。

《红衣老人肖像画》

伦勃朗的后期作品开始不那么受追捧，慢慢的订画人逐渐少去。但是画家仍然坚持作画，并且非常有特点。在后期创作的这些作品中，我们可以发现，有大量的人物肖像画。这些画像的主人翁，并不是什么达官显贵，也不是来自上层阶级。伦勃朗将视线停留在自己的平民朋友身上，或是将画笔对准了那些阿姆斯特丹郊外的普通居民。更有一个特点，伦勃朗在这些平民当中尤其喜欢画老人。这幅《红衣老人》就是其中典型的代表。

穿着暗红色衣服的老人坐在椅子上，好像在沉思什么，年轻的冲动，年老的无奈，更或者是历经沧桑后对世事的淡然。他的脸像是一本书，耐人寻味，时间在老人的脸上滑过，留下年轮。疲惫的双手交叠着放在身前。

《红衣老人肖像画》作者：伦勃朗 作于 1652～1654 年

老人身后是一片昏暗的空间，仿佛这片阴影要将年迈的身躯吞没。自然的画面，却又给人一种沉重的感觉，这就是履历肖像画的魅力。

画家晚年，对老人的描绘达到了很高境界，他将老人们看成一本本书，并且细致、带有感情色彩地去揣摩、去研读，才有今天我们看到的完美

《红衣老人肖像画》局部

作品。就像老人脸部和手部的光，抵御着周围的黑暗，象征着人类心灵发出的光明。

《丹奈尔》

我们看到的这幅是伦勃朗笔下的丹奈尔，她拥有着美丽丰满的身躯，半卧在温暖柔软的床上。从画面的左面洒进来一束温暖的金光，宙斯即将出现，丹奈尔面露温柔渴望的表情，等待宙斯的来临。画家将丹奈尔描绘成为等爱的女子，本来通俗的故事情节，在画家笔下立刻纯美了起来。在丹奈尔的上方从黑暗中飞出了一个金色的小天使，他是丘比特的象征，把爱带给丹奈尔，她身边有位老妇人，将床的帐帘用手撑住，为了让这金光能更多地照射到房间里，来到到丹奈尔的身旁。多美的画面啊，只可惜在1985 年 6 月 15 日，一位守旧派混入博物馆人群中，当他看到这幅展现女性身体美的油画时，并没有被艺术所感动，反而觉得淫秽不堪。于是用准备好的硫酸泼洒了画面，并且掏出利器刺向油画。修复专家赶到时，画布

《丹奈尔》作者：伦勃朗 作于 1636~1642 年

上的油彩已经变成棕色的泡沫，经过专家们 12 年孜孜不倦的修复，最后勃朗的《丹奈尔》又出现在世人面前。

在修复过程中，专家们发现，在厚厚的油彩下面，居然隐藏了另一个女子的面容，她的容貌完全是另一位女子，她到底是谁？画家又有怎样的创作历程？一度成为当时的热门话题。

最后，经过多方面研究和考证，这位隐藏的女子应该是画家伦勃朗的前妻莎斯基娅。伦勃朗将自己的妻子画成了丹奈尔，不久之后莎斯基娅死去，这份痛苦和思念也一直困扰着画家。直到 10 年之后，女仆亨德里克走进画家的生活，给画家带来了新的生命能量，于是画家将前妻的脸永远地埋在厚厚的颜料下，而将眼前的妻子跃然于画布上。作品最后，这位丹奈尔拥有的，却是伦勃朗后来的爱人的面庞。

《从十字架上解救耶稣》

这幅油画是伦勃朗为教堂所绘，遗憾的是，却从来没有在教堂挂过。画家精湛的绘画技巧，仿佛他真正看到了当时的场景，耶稣的弟子把他从十字架上解救下来。对光线和阴影的灵活运用，仍然是画家在这幅画中体现出来的自己的特点。光影之间戏剧性的交织，表现着生命的光明和死亡

《从十字架上解救耶稣》作者：伦勃朗

的黑暗，爱情的美好和失望、精神力量的强大和尘世无可转变的痛苦。

弟子用帽子为耶稣挡住蜡烛散发过来的光，而蜡烛的光折射在圣母玛丽亚的脸上，显得那么苍白和悲伤。周围的女子为安放耶稣的身体，小心翼翼地铺着毯子。烛光和这些善良的铺毯子的女人围成仿佛摇篮一样的形状，寓意耶稣那受尽苦难折磨的身体，会在这个摇篮里，得到安宁。

《花神》

1634 年，还在阿姆斯特丹创作的 28 岁的伦勃朗与当地一位贵族的女儿莎斯基娅结了婚。这段时光是画家最快乐与富足的日子。

在当时，莎斯基娅的表哥是经营画廊的美术商人，伦勃朗被邀请给莎斯基娅画像，两人一见钟情。年轻美丽的莎斯基娅掳获了画家的心，阶层的不同，又给这对恋人带来了麻烦。两人不顾家庭反对，执意要在一起。几经努力，终成眷属。那时候的伦勃朗绘画事业蒸蒸日上，作品受到欢迎，订单接踵而来，收入也日渐丰盈。正当春风得意的时候，又娶了一位美貌、娴淑的妻子，伦勃朗深切感受到上帝的关爱。一个艺术家所有的向往，在短短时间内全部聚集于一身。金钱、美人、豪宅、声誉。而由于莎斯基娅父母双亡，她继承了丰厚的遗产，还有很多贵族阶层的人脉，这对伦勃朗的绘画事业起到了不可磨灭的作用。充满创作激情的伦勃朗经常将妻子作为模特作画。这幅《花神》就是其中之一。

一位温柔委婉的女子，身穿以绿色和黄色为主调、泛起丝绸光芒的外衣。她头带花环，在鲜花的衬托下，娇羞的面庞更加惹人怜爱。此时的花神并不是凌驾于鲜花之上的女王，而是化身为隐藏在鲜花丛中的少女的模样。下巴微微收起，恬静的目光望着前方，她的右手轻握着花杖，仿佛轻轻一挥，鲜花都能盛开一般，充满魔力。光影的技巧同样出现在画面中，花神，就是从黑暗中走出来的神秘女子，让看画人更加想知道花神背后，那片黑暗中未知空间的鲜花模样。

然而，这幅作品虽然创作于画家最得意的时期，可是我们从莎斯基娅的面庞中却感受不到婚姻生活带来的幸福感。因为当伦勃朗在画室里无休止

《花神》作者：伦勃朗　作于 1634 年

地创作时，他却忘了，在画室外等待他的妻子。在莎斯基娅心中，丈夫最在意的并非是自己，而是他的作品。于是化身为花神的莎斯基娅，在那鲜花的美丽及芳香中也没能将她脸上淡淡的哀伤融化。这就是花神背后的模样。

大、小意大利厅和西班牙厅

新埃尔米塔什不愧是当时最杰出的建筑物的代表，在大厅的创作设计中也独出心裁。当我们从拉斐尔长廊的中段穿过侧门，就能进入到三个独具代表性的大厅：小意大利厅、大意大利厅和西班牙厅。他们共同的特

意大利厅

色就是天窗亮厅。也就是说，在埃尔米塔什博物馆里，就只有这三个房间是自然光线能直接照射到的大厅，在当时，不得不说是设计史上的一个创新。

孔雀石花瓶

这三个大厅一气呵成，由石板做的门框隔开。大厅里面通体明亮，再加上设计师有意将天顶挑高，天顶连接墙壁制作成弧形，并且镶嵌镀金的花神雕刻，更加显出大厅的宽敞和华丽。当自然光线照到大厅时，达到和谐的统一。这三个大厅的建造是为了安放意大利及西班牙十五到十八世纪的巨幅绘画作品的，设计师的创作刚好吻合了这个目的。在自然光线下，油画的色调更加柔和，也让看画者能更加清晰和放松地去欣赏。

这三个大厅里，除了油画做装饰，还有绿孔雀石做桌面、镀金的希腊神话人物当桌脚的精美桌子；来自彼得托夫叶卡捷琳堡科雷瓦石料工厂制作的石器，如斑石烛台、青金石花瓶，极其富丽奢华。

《弹琵琶的少年》

存放在埃尔米塔什博物馆唯一的、能拥有自然光线照射的意大利厅里，有一幅与其他油画感觉截然不同的作品，是一位眼神忧郁的少年，在拨动手中的琵琶琴弦。这就是米开朗基罗·梅里希·达·卡拉瓦乔的作品《弹琵琶的少年》，也叫《琵琶行》。

卡拉瓦乔(1573～1610 年)，意大利米兰人，36 年短暂的艺术生涯，却给世人带来了极具巴洛克风格的绘画作品，也是 17 世纪，欧洲油画改革的先导者。

画面中那位表情忧郁的少年，嘴巴微张，跟着琵琶的琴音，唱着爱情的故事。在少年面前摆放着敞开的乐谱，是 16 世纪作曲家雅克布阿尔卡杰利特的短诗乐谱《你知道我爱你》。圆润纤长似女人般的双手，优雅地拨

弹琵琶的少年 作者：米开朗琪罗·卡拉瓦乔 作于约1595年

动着琴弦，不知不觉，令看画的人都像听到了优美的琴声和他那充满感情的歌唱。这幅作品还给人们带来了人体感觉的体味，画面左部的花瓶里插满了花朵，花瓶的下方零零散散地放着一些水果，水果边上紧挨着琴谱，小提琴和琵琶相互辉映着，卡拉瓦乔这样的安排，是给人们带来对于花朵的嗅觉、对于水果的味觉、对于琴谱的视觉、对于乐器的听觉上的效果，而至于五大感觉之一的触觉在哪呢？请看少年的手，正在温柔地拨动琴弦呢，这就是点睛之笔的触觉。

在爱与和谐的主题中，卡拉瓦乔用音乐的形式表现出来，创造了一个严肃、却也充满诗意的现实主义构图布局，小心地运用光线和阴影，晶莹剔透如镜子般地呈现了鲜花、水果、琴谱和乐器。

我们再不妨往深处去揣摩卡拉瓦乔要传递给我们的意蕴。看画面的主角，这样的翩翩少年，本应该是欢快的表情呀，为什么却显得那么的忧伤，岁月的痕迹已经开始向他伸出侵蚀的双手。花瓶中的花朵也凋谢了一半，剩下的那些在和时间做着博斗。散放着的水果，也有些许的干瘪。琴谱的破损和泛黄，小提琴琴弦的断裂，无处不在地告诉我们时间就在悄然之间流过，给我们的警示是那么微小，而带来的伤，却足以能像少年的歌声，无助而漫长。

《威尼斯广场接待法国大使》

这幅出自卡纳雷托之手的作品就存放在大意大利天窗厅里。在它的周围都布满着和《圣经》有关的严肃的油画，所以，这幅题材轻松的油画的出现，为我们游览者带来了许多轻松和愉悦。

画面右边那个带半露天穿廊的就是威尼斯共和国总督大楼，大楼下门庭若市，充满着节日的气氛，从民众的衣服所体现出来的色彩，我们都能感觉到这一天意义的重大。大楼突出的一段阳台上，站着威尼斯公爵和委员会的代表，大楼旁边的桥上都站满了行人，居民们纷纷涌上广场，都来庆祝这场盛会。广场边的河道上，陆续驶进些船只，从镀金的威尼斯小船上下来了几位尊贵的客人，他们来自法国。威尼斯国王被大臣们簇拥着

《威尼斯广场接待法国大使》作于约1740年

走上前，开始了迎接仪式。

在美丽建筑物衬托下的仪式一定是隆重和热情的，所以繁冗的迎接仪式不用我们去操心，来看看画吧。

远处坐落着一座教堂，据考证那是1630年建造的圣玛利亚大教堂。拥有绝好地理位置的大教堂，是巴洛克建筑风格的杰作。也为画面增添了饱满度和历史感。

这幅画很有意思的一点就是，每个导游都会建议观画者眼睛不要离开画面，身体从画面的左侧走到右侧，然后观察一下画面发生了怎样的变化。每一个观画者在做完这一系列动作后都在惊叹画家的超凡技艺。因为，整个总督大楼就像活过来一样，在整体移动，这就是绘画中透视技巧的运用。也有研究者认为卡纳雷托的这幅画并非是“绘画”出来的，而是“测绘”出来的，才能达到这样完美的精准度。

不管怎样，画家卡纳雷托确实是让我们感觉仿佛置身在这个广场，参加了这场盛会，而忘记了埃尔米塔什的闭馆时间。

《小孩与狗》

被誉为“塞维利亚的拉斐尔”，对巴托洛梅·埃斯特万·牟里罗(1617～1682年)来说，当之无愧。出于对古典主义艺术的崇拜和极大的兴趣，牟里罗开始研究意大利和佛兰德斯的绘画，并从其中这些大师们的画中体会到明暗画法的魅力。当时的西班牙画坛，作为主流的现实主义风格开始衰退，然而生活在塞维利亚地区的塞维利亚画家们仍然保持着对现实主义的热爱，牟里罗就是其中的代表。

出生贫民的牟里罗从小就失去双亲，在艰苦的环境中长大，保持着善良朴实的内心，这样的人生经历对他的作品产生了极大的影响。在他职业生涯早期，牟里罗就经常到街上去描绘街边的贫民、穷人的生活，还有小乞丐的样子。这样现实主义的风格使得他的肖像画受到大家的喜爱。我们眼前这幅《小孩与狗》就是其中的代表。

小男孩走在街上，手中拎着篮子。一只小花狗开始接近他。它先是左边闻闻，然后又来到小男孩右边嗅嗅。小男孩发现身后的小狗，憨态可掬，十分可爱。他放慢了脚步，逗着小狗，开心地笑着。小狗继续在男孩身上闻着蹭着，鼻子还特意在篮子边停住了。男孩意会了小狗的举动，向他摊摊手，示意这篮子里什么吃的都没有。画家将这样的天真淳朴的情感注入画中，小狗两耳服帖，温顺地乞望着，小男孩的脸上露出有点滑稽的微笑。这样的场景仿佛就在牟里罗童年时出现过的样子。跃然画布上的，就是对儿时的回忆。

1772 年，在法国巴黎的舒瓦瑟尔公爵举办的拍卖会上买来，作为埃尔米塔什第一幅西班牙塞维利亚流派的作品，收藏在西班牙厅里。其姐妹作《卖水果的小女孩》如今存放在莫斯科国立普希金美术博物馆。

经过尼古拉一世时期修建的阶梯，如果不顺着阶梯走到一楼，我们可以继续径直穿过阶梯两边的走廊，走入新埃尔米塔什的另一个厅——施耐德厅。

《小孩与狗》作者：巴托洛梅·埃斯特万·牟里罗
作于 1655~1660 年

尼古拉一世在位时期修建的连接老埃尔米塔什和新埃尔米塔什的主阶梯

施耐德厅

法兰斯·施耐德(1579～1657年),这位来自佛罗伦萨的画家,以其出色的风景画和静物画闻名。在画家的眼中,周围的日常生活世界充满蓬勃生机,家禽动物的身影,瓜果蔬菜的芳香,无一不在挑动着画家的创作神经。存放在埃尔米塔什施耐德厅的一系列描绘市井家禽蔬果的画,就是他的作品。

爱德华·豪(1816~1895),画于1860年,水彩画

施耐德厅

《肉贩摊》

眼前，是一个售卖家禽的摊位，挂着的一只大白鹅最先进入视线，大白鹅旁边还挂着一些野鸡、山雀。红衣商贩在整理猎物，从竹藤筐子里拿出小的野货，摆在简易的桌子上。忙碌的他，手中的货物都来不及整理，还不停地训斥他左边的猎犬，因为这只大黄狗已经一直不停地叫了好久了。

主人的训斥声对他没有起作用，商贩气得脸都红了。猎犬到底看到什么了？身体几乎站直，爪子不停地在墙上挠。原来，在画面右上角，黑暗的地方，透出两点绿光，定眼一看，那是黑猫的一双眼睛呢。原来在窗子里，有一只黑猫一直在挑逗猎犬，怪不得它气喘吁吁地在旁边挠墙，都不受主人控制了。

上:《肉贩摊》作者：法兰斯·施耐德
下:《肉贩摊》局部

商贩前面，摆放有野猪、野鹿，还有活着的家鸡，透过竹藤的笼子，在叨食外面的稻草，想必在这样的场景中，我们听得到狗吠、还有家禽的鸣声吧，好热闹的场景呀。从画家的《肉贩摊》中传出来了。

除此之外，我们还能看到渔夫收拾猎物的场景。

《鱼贩摊》

画面中海货被堆积得仿佛要从画中掉落下来，活着的还呲牙咧嘴，做最后的反抗。这时，画面左下角有只海豹好像发现了什么，一直嘶叫个不停，原来，在旁边的鱼框上蹲着一只小猫，它在向海豹示威呢。画面另一边

《鱼贩摊》作者：法兰斯·施耐德

的渔夫没有去制止这一切，他应该是没有功夫吧，你看，他在不停地往自己面前的鱼框里倒入海货，带鱼那光滑湿漉的身躯就这样扭捏着进入到竹筐里，被挂在一边。在摊位上方，还挂着新鲜的三文鱼鱼段，红色的鱼肉，带有规律的纹理，精湛的画师将这一切细节都描绘得犹如我们就在摊铺前一样。

《水果摊》

戴着黑色帽子的富人很怀疑地看着手中的桃子。她的衣着打扮是荷兰市民普通家庭妇女的妆扮。横向的波浪领子厚重地堆在脖子上，紧身衣将妇人的身材更好地展露出来，红色的裙子从黑色的披件外套中露出来，更显示出妇人的美丽与对生活的热爱。她经过这个水果摊，停住了，被这里的水果吸引，拿起了眼前很新鲜的桃子，左看右看，考虑着。商贩是个老妪，看出了妇人的犹豫，她一再推销，新鲜的桃子，漂亮的外表，还有那诱人的味道，说得妇人都动心了，两人都很努力地在画家安排的角色里扮演着，丝毫没有被周围的场景影响。在摊位前，有只小黄狗一直在叫，一位不速之客，来偷桃了，看，就是那只猴子，它灵活地接近摊位，趁妇人和老妪在讨价还价时一下握住了桃框，想趁机搬走呢。不知道接下来会发生什么

《水果摊》作者：法兰斯·施耐德

呢？老妪追赶猴子，抢回桃子？妇人买下了桃子，满心欢喜地离去？还是……这些都不是施耐德要考虑的了。轮到看画者，我们开始畅想吧。

《蔬菜摊》

《蔬菜摊》这好像比起之前的那些摊位要安静许多呢。新鲜的蔬菜还带着露水，躺在各自的篮子里、位子上。摊位旁，仍然是卖家和买家在讨论菜色，讨价还价。那位红色衣服的妇人还在专注地想将卷心菜价位降低一些，商贩可不想这么便宜就出手，她不断地吹捧自己蔬菜的菜色。在她们都专注于买卖的时刻，一个小伙子出现了，他是来买菜的吗？可是为什么他的眼光只是在打量这两位女士呢?就在她们不注意的时候，他蹲下了，假装在看地上的卷心菜。其实，他的手已经将红衣妇人的钱包从她口袋里掏出来了，并且我们看到好多小金币银币都露了出来，原来这是个小偷呀，他将这些钱币转移到自己的口袋里，小心翼翼，眼睛还不时地注视着这两位妇人，生怕被发现。当然，她们丝毫没有察觉，还在为自己眼前的小利益争执着。摊位后面有匹马，这一切它都看在了眼里，不过，它却不想多生事端，因为嘴边的大白菜正被它咀嚼得很欢呢。看画的我们，真有种要

《蔬菜摊》作者：法兰斯·施耐德

冲进去阻止小偷，告诉她们这一切的冲动。

画家施耐德不愧是大师，惟妙惟肖地将日常生活跃然于画画上，让几个世纪后的观众看到了当时荷兰的生活状态，物资丰富，人民安居乐业。

我们离开施耐德厅，再转入安放了弗兰德斯著名画家鲁本斯巨作的鲁本斯厅。另一种巴洛克风格的绘画作品出现在我们眼前。

鲁本斯厅

艺术家的一生总是呈现出很多种色彩，比如红色，如烟花般转瞬即逝；比如绿色，如常春藤般新意盎然；比如蓝色，如大海般深不可测。又犹如坐标一样，一些是曲线，一些是直线，当然也有抛物线。如果说伦勃朗是抛物线的话，那彼得·堡罗·鲁本斯（1577～640年）就是彻彻底底的直线，并且呈上升状。

称之为佛兰德斯最著名的画家当之无愧。画家的一生没有过多的颠沛流离，没有大起大落，就像登阶梯一样步步为营，直至他的艺术顶峰。

出生于德国的鲁本斯，早在少年时期，就被母亲送到贵族家里做侍童。在上层社会里，总是拥有良好的学习环境，因此鲁本斯通晓了多种语

鲁本斯厅

言，并且接受了贵族的高等教育，还学会了为人处世的外交手段，这一时期确实是奠定他一生平步青云的重要阶段。

鲁本斯的绘画作品偏向于宗教题材，其华丽的绘画作风和笔触以及巴洛克夸张的手法浑然天成，他的作品大部分气势宏伟，充满浓烈的情感，再加上鲁本斯良好的社会关系和声望，以至于订单不断，声誉日隆。作为布鲁塞尔的宫廷画家，在创作完《上十字架》和《下十字架》之后，更是奠定了他比利时最杰出的宗教画家的地位。这时的鲁本斯也不过三十出头。

由于画家的作品得到欧洲上流社会的认可，于是，他常常穿梭在各个国家之间，之后还被皇室委托，作为外交官出访各国。“绘画是我的职业，做外交官是我的爱好”。

《耶稣参加法利赛人的聚会》

埃尔米塔什的弗兰德斯厅可以说是专门为鲁本斯所设立的大厅。在以红色为墙面的大厅里悬挂了数幅鲁本斯在不同时期的宗教作品。眼前的这幅《耶稣参加法利赛人的聚会》是鲁本斯著名的宗教画作之一。

相传耶稣跟税吏们来往，这惹恼了法利赛人，他们反感耶稣的这一行为，并且宁愿相信他不是真正的弥赛亚。法利赛人常常举行宴会，邀请亲友前去，以表示热情好客。这日，法利赛人西蒙也大开盛宴，请街坊邻里到家里聚会。按照法利赛人的习俗，来到家里的客人都要被主人热情地轻吻脸颊，并且由仆人为客人洗去一路的风尘，再在脚上搽上香脂。西蒙的盛

《耶稣参加法利赛人的聚会》

宴当然也不例外，只是这一回，他还请来了一个并不受欢迎的人，耶稣。耶稣的到来，只是为了证明西蒙的好客，而西蒙并不是用该有的礼仪去迎接耶稣，反而对他非常冷落。请耶稣来的目的无非是想让他在宴会上出丑，并抓住他的把柄，加以侮辱罢了。

大家就坐，这个时候，在门外出现了一个女子，按照法利赛人的习俗，摆设宴会的日子无论谁来，大门都会敞开，以表示欢迎。但这个女人是一个罪人，长期过着放荡不堪的生活，以卖淫为生。西蒙当然不情愿，包括他身后的恶狗都狠狠地露出凶性盯着她，于是西蒙想叫人把她赶出去。正当人潮涌动的时刻，这位女子钻了个空档，一下扑到耶稣脚下，用眼泪和头发为耶稣洗脚，念念有词地请求耶稣的原谅，还为耶稣搽上了最昂贵的香脂，就像法利赛人对待贵宾的做法一样，并且虔诚地轻吻耶稣的脚面。耶稣看到了，感受到了女子的诚心，他反过来质问西蒙："如果一个富人借给一个人五百块钱，借给另一个人五十块钱，但是这两个人最后都没有办法还清。于是富人说你们都不用还了，你觉得是借五百块钱的那个人感激富人，还是借五十块钱的那个人感激富人呢？"西蒙回答说："当然是借五百块钱的那个呀"。耶稣又问到："我来到你家，受到你的冷待，但是这位女子却能用眼泪和头发为我洗脚，并奉上昂贵的油脂，她表现出的诚心和爱已经把她的罪全都赦免了，只有那些吝啬施爱的人得到的赦免会那么少。"鲁本斯将画面定格在了耶稣质问西蒙的瞬间。

我们来看这幅画，在画面左边那个穿绿颜色衣服、坐在豪华椅子上的就是西蒙，他对面，那个穿蓝色衣服的就是耶稣，画家将主角安放在铺着白色桌布的桌子两边。耶稣的脚下跪着那位女子，她的身旁摆着一个精致的油脂瓶，她正在用头发为耶稣搽拭脚面。在画面的左上角，挤着一群人，他们的手上还举着宴会要用的器皿和做成美味佳肴的家禽。这就是那些反对耶稣的法利赛人，耶稣赦免了女子的罪恶，令他们觉得不可思议，并且引起了骚动，画家抓住了法利赛人充满疑惑和愤怒，却又不敢完全表露的矛盾心理，将人物的表情描绘得深刻到位。而耶稣坦然自若、镇定安静的表情和法利赛人的行为形成强烈对比。在耶稣的身后充满着黑暗，是法利赛人的不解和现场紧张激动的氛围的诠释。

画家想要表达的，就是只要诚心悔过，就能得到赦免。这位为耶稣洗脚的女子，相传就是抹大拉玛丽亚（见提香《抹大拉玛丽亚》）。最后跟随耶稣潜心修行。

《佩罗和靳安》

在公元 1 世纪的罗马作家瓦列里·马克西姆的《罗马人美好的善举》一书里描绘了有这样一个故事，靳安犯了重罪，被判处饿刑，女儿佩罗用奶水延续父亲的生命。有悖伦理却感化世人的故事情节，被鲁本斯搬到了画布上。

在阴暗潮湿的牢房里，穿着鲜艳的红色裙子的佩罗手托着自己的乳房，奄奄一息的带着沉重手铐的父亲被佩罗扶着坐靠在怀里。父亲靳安尽量靠近佩罗的胸部，从脚趾到嘴唇都充满紧张，肌肉在寒冷的牢房里颤抖着，画面充满着鲁本斯注入的动感。佩罗鲜红的裙子是画面抢眼之处，给周围的环境带来了充满生命的能量，仿佛一股泉水灌入这快要干涸的生命里。佩罗不顾一切地拯救父亲，这一举动感化了罗马元老院，最后饶恕了靳安的罪过。

《佩罗和靳安》

这样的故事情节在很多画家笔下都出现过，只是给成人哺乳这样的画面如果描绘不当会给人奇怪的联想，鲁本斯的这幅被公认为是最得体、到位之作。

《帕尔修斯和安德洛墨达》

行走在埃尔米塔什，有的时候会感觉在看古希腊神话故事一般，里面的场景总是不断地出现在眼前。丹奈尔被关入高塔，宙斯来与她相会，生

《帕尔休斯和安德洛墨达》作者：鲁本斯 作于约1622年

下了帕尔修斯。母子俩被怕死的国王赶出国家，流浪在外。后来被另一个国王救起，过着快乐的日子。当帕尔修斯长成少年时，被派往杀死美杜莎。激烈的打斗之后，帕尔修斯战胜了女妖，并将她的头颅嵌入了盾牌里。当他骑上从美杜莎身体里蹦出来的飞马返回国家时，途中遇到海浪阻挠。原来埃塞俄比亚公主安德洛墨达被困在海里。由于她的母亲伤害了海神波塞冬，女儿为母亲赎罪，作为祭祀物品在海浪里任由海水肆虐。英雄美少年帕尔修斯用智慧勇战海怪，救出安德洛墨达。

当少年缓慢走近美丽的公主，那细腻的情感，公主的羞涩，天使来到身边，这就是初恋的爱情旋律呀！欢乐、沸腾，却又娇羞、忐忑，被鲁本斯刻画得栩栩如生。眼前的这幅就是谱写爱情乐章的《帕尔修斯和安德洛墨达》。

鲁本斯总是能创作出充满动感的画面，飞马在扇动着有力的翅膀，盾牌上美杜莎露出惊愕的神情，天使们飞绕在周围为他们祈愿，飘扬在少年胸前背后醒目的红色披风，帕尔修斯想拉起安德洛墨达的手，娇美的公主羞涩地退缩了一步……不得不说神话里的故事在鲁本斯的笔下总是充满着强烈的情感，这样美好的场景就让它永远定格在埃尔米塔什吧。

《酒神》

公元 1 世纪的罗马皇帝威特利乌斯，怎么也没有想到，自己会以酒神的形象出现在 17 世纪鲁本斯的画布里。

眼前的这个大胖子在庆祝自己的生日，喝得醉醺醺的脸颊泛起了红色，身边的女神还在为自己斟酒，美味的琼汁已经满盈，在流到地面以前就被小天使用嘴巴接住了。周围的一切都充满着酣畅淋漓的憨态。酒神巴克斯被鲁本斯描绘成这般模样，真是让人非常意外。传说中的酒神不应该是美貌的少年么？他精通葡萄的栽种和葡萄酒的酿造，还是自然的保护神，怎么会变成如此这般模样？没错，这幅鲁本斯在生命的最后五年创作的作品，确实在和大家开了个玩笑。他将那个终日里酗酒成瘾、荒淫无度的罗马皇帝威特利乌斯变成了酒神，褪去神话里理想的面容和身形，变成了自然的、现实的人物化身。他们在金色的秋日里过着属于自己的节日。不去打扰他们，就让们在画布里尽情的畅饮、纵欲吧。

《酒神》作者：鲁本斯 作于 1638～1640 年

《把耶稣从十字架上救下来》

让鲁本斯名声大振的作品就是他为比利时安特卫普圣母主教堂创作的《上十字架》和《下十字架》（至今仍然保留在教堂中）。在埃尔米塔什中也收藏了类似的一幅作品《把耶稣从十字架上救下来》。

圣经中的故事情节再一次出现在画家的作品中，扶着耶稣背部的穿红色衣服的约翰，把耶稣的手搭在肩膀的负责安葬耶稣的信徒约瑟，试图抱住耶稣身体的蓝衣女子是圣母玛利亚，而半跪在地上的粉衣女子就是抹大拉玛丽亚。这幅距《下十字架》近乎十年之后的作品，鲁本斯在细节上进一步做了细腻的处理，耶稣惨白无力的躯体，伤口中涌出的鲜红血液，周围人物流露出悲伤的表情，特别是圣母和抹大拉的眼泪，在靠近画面左下方的位置看去，真的像要从画布中滴下来一般。不禁让观画者为之一震。那传达着悲伤情怀的又何止是这滴眼泪，鲁本斯将这份伤感已经注入到了每一笔、每一画中。不愧是当时尼德兰最伟大的画家。

《把耶稣从十字架上救下来》作者：鲁本斯 作于 1617~1618 年

人们总爱把鲁本斯和伦勃朗作比较，他们都生活在 16～17 世纪，喜欢创作宗教题材的作品和人物肖像，都受到文艺复兴大师的影响，都曾娶过两名妻子，并且以妻子为模特创作了大量的绘画作品。不同的是，伦勃朗的一幅《夜巡》，没有讨好那些官兵，将他从事业巅峰拉至谷底，而鲁本斯圆通的处世之道，让他在上层社会里如鱼得水，最终能扶摇直上。

不管怎样，在埃尔米塔什里相差不过数十米的距离就能看到两位大师的作品，沙皇的收藏，为我们节省了不少的路途奔波。

第五章

三楼油画

埃尔米塔什博物馆在苏维埃时期一度还被称之为列宁格勒美术馆。大量的绘画雕刻作品不乏其中。19～20世纪的美术作品在埃尔米塔什的收藏中占据举足轻重的地位。清新气息在这个时期开始表现出来。多数时候不会有太多的巴洛克奢华，当我们的双眼被奢靡的金色大厅、被华丽的古典绘画所充满到已经感觉到疲惫的时候，不妨到三楼看看，那里有为大家解除视疲劳的油画。

巴比松画派

19世纪中期，1830年，法国的资产阶级被剥夺了选举权，一时间引起资产阶级的强烈不满，于是引发七月革命，建立奥尔良王朝。新王朝必定会进行一系列的改革，以取悦当时王朝的支持者。当然，资产阶级继续独掌大权，平民百姓的利益再次受到挤压，呈现最小化。而并非资产阶级的艺术家，他们厌倦了都市尔虞我诈的政治，也对死板僵硬的学院派绘画失去兴趣，于是在卢梭的带领下，他们来到巴黎南郊、拥有大片森林的枫丹白露。

艺术家们被那里大片郁郁葱葱的树木、涓涓的小溪流水、肥沃的土

线路图五：三楼油画

地、清新的空气所吸引，停住了脚步，住进了巴比松村。在这里，艺术家们把视野投向周围无比美丽的大自然，他们捕捉自然光线给物体带来的微妙变化，精确地抓住了外光下色彩间的张力和表现力。画家们还将对物体的直接感受以及物体在日常生活中呈现的自然色感融合在画布里。他们突破传统古典主义的枷锁，这对一直在室内创作风景画的学院派无疑是重重的反击。久而久之，在枫丹白露森林边居住的的巴比松画家自成一派，被称为巴比松画派。他们出于对大自然的无比热爱，将法国枫丹白露的景致刻画得浪漫且深情。

这一时期涌现了一大批著名的画家，康斯坦·特罗荣就是“巴比松七星”(意指巴比松主要的七位画家)其中一位。埃尔米塔什里收藏了他的一幅代表作《去市场》。

《去市场》

充满晨雾的早晨，从太阳光照射过来的方向，走来了一群热闹的队伍。他们伴随着小狗的叫声,小羊的咩咩声,这是怎样的组合呢？走近一看,原来是农夫和他的妻子带着家里的牲口出发去赶集呢。晨雾下大家都

《去市场》作者：
康斯坦·特罗荣

似乎披着一层薄纱，阳光的到来给大家的身影镶上淡淡的金边。狗儿围着队伍左右奔跑，羊儿乖乖地走在队伍的一侧，拖着箩筐和主人的牛儿行走得稳健而有力。对于善于描绘动物的特罗荣，又一次将动物的天真、憨厚和可爱表现得活灵活现。这次，他继续运用手中的画笔雕刻光线，你看，小羊那粉色的几乎透明的耳朵不正是阳光真实存在的证明么？地上的影子慢慢会缩短，队伍背后的大雾也即将散去，农夫和妻子穿过了晨雾，走向他们满心期盼的热闹集市。

印象派

印象派画家眼里的世界，是我们常人无法琢磨的，但是通过他们的画笔，却能让观画者产生共鸣。这就是他们伟大之处。

那种光影的运用，色彩的搭配，再加上貌似凌乱的笔触，如果不站远点欣赏，我们只能在画家调配出来的世界里感觉到阵阵眩晕。

1874 年，在“无名画家、雕塑家、版画家协会展”画展上，那些看似粗糙、甚至像没有完成的作品出现在大家的视野中。但是这些具有独特视角的作品并没有迎来好评，反而批判声不断，更有报纸指责说：“连毛坯的画纸都比这些画更加完美”，如此评论了莫奈的《日出·印象》。这样的嘲讽，并没能打击画家的积极性，反而使这群思想独立的画家们更加团结，为了在美术创作中能够有所发展，于是印象派诞生了。

埃尔米塔什里藏有多位印象派大师的作品，莫奈、雷诺阿，以及后印象派的文森特·梵高、塞尚、高更，等等。

《花园中的贵妇》

克劳德·莫奈和卡米尔的婚姻并没有被顽固的父亲看好，他一直反对他们的结合，尽管孙子已经出生了。

1867 年，莫奈带着卡米尔和儿子投奔亲戚，在那里度过了夏天。离开纷扰的环境，莫奈又开始潜心作画。这一天，卡米尔打着洋伞，穿着白色纱

《花园中的贵妇》(1930年从莫斯科来到圣彼得堡)作者:克劳德·莫奈

裙在花园里散步,这一景致打动了莫奈。眼前的卡米尔恬静优雅,散发着女性温柔的情愫,和周围的一切又那么的融合。莫奈提起手中的画笔,用印象派特有的光影技巧记录了这一切。

卡米尔正在靠近一棵开满粉红色花朵的树木,当时的阳光非常充足,通过影子,我们可以判断,这光线是从画面左上角倾斜而来,照在卡米尔和周围的花木身上。卡米尔的一侧拖出一片深蓝色的影子。洋伞在太阳光照射下,内部泛出明亮的黄色,并且洋伞在卡米尔的肩膀处呈现的是淡蓝色的影子,还有裙子背光的一面也是带着淡紫色的阴影。

《蒙日龙的池塘》

小有名气的莫奈已经参加过多次印象派联合画展,娶妻生子的他像是被注入更多的生命活力一般,作品源源不断地出现。

1876年,富商埃尔涅斯基·奥斯希德看中莫奈的艺术造诣和绘画天份,决定做他的赞助商,以便有更广阔的购买源。于是埃尔涅斯基·奥斯希德邀请莫奈及全家搬往他位于蒙日龙的城堡里居住作画。

为了装饰埃尔涅斯基·奥斯希德的城堡,莫奈绘制了这幅《蒙日龙的池塘》。

眼前的这幅画充满着动感,莫奈用横向的笔画涂抹出了倾斜的、螺旋的线条,并且呈现出流动、反射、颤抖的池塘氛围。阳光被池塘吸收,变成扭曲的光影,周围树木摇曳的身姿被投射在池塘里。在池塘边上,还有一位妇人倚在树旁,若有所思地注视着水面,她的倒影也若隐若现地浮在水面上。周围有经过的路人,还有一位斜躺在草地上、用手撑起脑袋的女子,在关注着水面的变化。一切的一切,都是莫奈抛弃了古典主义对光线、颜

《蒙日龙的池塘》(1930 年从莫斯科来到圣彼得堡)作者:克劳德·莫奈

色以及物体形状的死板描绘,反而将他们融入在颜色的变换中。在他看来真正的印象派应该是完全通过眼睛感受到的印象和观感。他并没有把注意力放在人物景色的细致描绘上,反而略显粗糙地将他们放在画布上。重要的是莫奈那双眼睛,在光线的变化中,看到了池塘里淼淼升起的潮雾和水气,在短暂的时间里,准确地捕捉到了大自然神秘的变化,并且将它们搬到了画面中。

再来看看那位倚树而立的妇人,有人说那是当时莫奈病中的妻子卡米尔。也有人认为那是埃尔涅斯基·奥斯希德的妻子艾莉丝(莫奈的第二任妻子,1879 年,卡米尔去世之后,莫奈仍然居住在城堡里,后来埃尔涅斯基·奥斯希德没有躲过金融危机,宣布倒闭破产,前往别处。艾莉丝帮助莫奈照顾卡米尔留下来的两个孩子,并且利用自己的关系,帮莫奈走出经济困境,将他的作品推荐给更多的买主。1892 年,他们结为夫妻)。

《女演员珍妮·萨玛尔》(1948 年从莫斯科来到圣彼得堡)作者：皮埃尔·奥古斯特·雷诺阿

《女演员珍妮·萨玛尔》

同属于印象派大师的皮埃尔·奥古斯特·雷诺阿与克劳德·莫奈关系非常密切。他们时常相聚在巴黎河滨，欣赏周围繁华美景。不同的是，莫奈的目光会停留在大自然无穷无尽的变化中，而雷诺阿却对大自然中行走的人物有着浓厚的兴趣。于是，我们在莫奈的画里会看到更多的景色，而在雷诺阿的画里却欣赏了各式各样的人，尤其是女人。

雷诺阿善于描绘人物，在他的笔下，人物都散发着迷人的魅力。他们的脸上时常扬起幸福恬静的表情。欣赏雷诺阿的画时，或多或少会有种温柔的感觉，因为他那不张扬的画面质感，那种仿佛被羽毛或者是棉絮加工过的画笔，给人以柔软的视觉触感。即便是这样柔软，也能将人物刻画得栩栩如生。

画面中的这位仪态端庄的女子是当时法国喜剧院的著名演员珍妮·萨玛尔。1870 年至 1880 年间，雷诺阿接受邀请，为当时著名剧院的演员绘制肖像画，这其中可以是单人的，也可以是多人的。不得不说，雷诺阿在这一期间创作的人物肖像画是他的杰作之一。

眼前的珍妮仿佛刚从背后的深红色帷幕中走出来，房间里的光瞬间照射在她的脸上、身上。珍妮忽闪着迷人的大眼睛，诱人的红唇微微张开，眼前的一切让她露出有点惊讶、但是马上镇定住的微笑。珍妮仿佛想和画家说些什么。这些微妙的细节都被雷诺阿捕捉到。曼妙的身材被粉色的衣裙装饰得更加美丽，她双手交叠在腹部，保持着优雅的仪态。雷诺阿那种特有的笔触将珍妮的衣裙表现出了轻柔的动感，那垂挂在衣裙上的蕾丝仿佛还在为刚才的掌声激动着。

有别于一般的肖像画，出自雷诺阿之手的一定是充满着温暖柔和的情感。

《拿扇子的女孩》

眼前的这位女孩只是一个普通的餐厅老板的女儿，她并没有出众的外表和特点。只不过当时大画家雷诺阿经常造访她家位于塞纳河中间的岛上的餐厅，而有幸被雷诺阿放在了自己的画布里。

但是，在雷诺阿眼里，世间的女子都是美的代表，对于自己更是传达着不可抗拒的诱惑力。她们都是画家的征服者。

女孩端正地坐在红色椅子上，眼睛自然地望向左前方。她的周围没有任何景色，也没有环境，只是手中拿着打开的折扇。看，雷诺阿那具有颤抖特点的笔触再一次出现。扇子在不知不觉中仿佛带来了轻风。女孩周围鲜艳的色调渲染出浪漫的氛围，欢快明亮的色彩映衬出她甜美的一面。雷诺阿用蓝色和红色描绘女孩的头发，在他看来，光源带来的色彩变化无处不在，只要学会看到它。

《拿扇子的女孩》
作者：皮埃尔·奥古斯特·雷诺阿

雷诺阿笔下的女子，总是温柔的、可爱的，像一杯奶茶，静静地待在那里，只想等你品尝后，留下余香。

后印象派

后印象派这个词是形容19世纪末20世纪初出现的这批画家的。他们与“印象派”并没有太多的交集，称之为“后印象派”并不是“印象派”后期，而是脱离印象派、一个新流派的诞生。之所以叫“后印象派”，只不过他们在早期都曾接受过印象派的洗礼。这时间出现的大批画家中，当属文森特·梵高、保罗·塞尚、保罗·高更为代表。他们的画风没有过多的共性，而是各具特点。

梵高画作

荷兰是一个能孕育出艺术家的国度，这样的说法一点没错。当文森特·威廉·梵高的诞生，又为这样的说法提供了一个有力的证据。

1853年，梵高出生在荷兰南部的一个小村庄里，父亲是位神职人员，父辈的其他五位叔伯要么从事神职，要么从事艺术品商业，梵高的家族一直被宗教和艺术深深地吸引着。

早年的梵高也做过宗教神职的工作，但当他24岁那年，在画店做过助理之后，艺术便成为他毕生的爱好。梵高开始了他的绘画生涯。

然而，艺术家的一生并不像他的绘画一样，绚烂多彩，反而被他钟爱的深褐色所布满。这样的颜色，没有黑色的死寂，梵高也许想从深褐色里看到属于他的缤纷。在他创作的早期，梵高的作品色调偏暗，当时已经是艺术品商人的弟弟西奥提醒他，眼下最被看好的是印象派的鲜亮。于是。梵高将自己钟爱的深褐色埋在心底，取而代之的是当时流行的色彩明快的印象派画风。

梵高的创作高峰期是他生命的最后十年，埃尔米塔什收藏的作品，就是梵高创作晚期的经典之作。

《阿尔勒竞技场》

《阿尔勒竞技场》
作者：梵高

1888 年，梵高来到法国南部的小城阿尔勒旅居。在他居住的房屋附近，就是阿尔勒最大的圆形竞技场。那里常常举行集会、斗牛、收稻节、复活节的庆典，居民们跳起弗朗明戈等，总之，这里充满着城市里没有的淳朴、欢快与生机。在这样轻松的氛围里，梵高创作了《阿尔勒竞技场》，描绘了当时竞技场举行斗牛时的场景。

梵高具有独特的视角，他的画并没有把竞技场上的斗牛放在最主要的位置，反而用大篇幅来描绘在场的观众。

画面的右上角，那片鲜亮的黄色，就是竞技场发出的明亮灯光，场上，梵高只用简单的草图勾勒了斗牛，那被观众注视的场景反而变成模糊的印象。接下来梵高将画笔对准了场外观看的居民。他们有的站起身来，有的挥舞着手中的旗子，有的背过身去和在一旁的友伴讨论着赛事，紧张的气氛充满了整个画布，梵高精确地抓住了斗牛时刻观众的情形。

《阿尔勒妇女，在埃惬公园的回忆》

南方的轻松氛围一直给处于情绪低谷的梵高更多的鼓励，而南方的太阳更是让梵高热爱。他将阳光照在物体上反射出来的光用鲜亮的颜色描绘出来，这不仅不让人觉得怪异，看画人反而被画家的画笔带动了情绪，跟着画家一起来欣赏阿尔勒太阳照耀下的风光。

这幅《阿尔勒妇女，在埃惬公园的回忆》就是为阿尔勒的阳光专门创作的。阳光的七彩色汇集成的无色，那是常人眼里的。梵高能将它们分离，你看，那弯曲的石子路面，将阳光中的黄色反射出来了，像融化的金流。妇女打着太阳伞，白色的伞面在强烈的阳光下居然变成了红色。梵高在印象派中学会的直接的偶然的构图，却没有像印象派追求的那样，去准确表现颜色。画中，红色和蓝色、橙色和绿色交相辉映，把画面调节得就像真实世

《阿尔勒妇女，在埃惬公园的回忆》作者：梵高

界里，我们能看到的样子般和谐。妇人们安静地走过花园，花丛中弯着腰辛勤地劳作，阳光下的一切，自然、生动，是画家对埃惬公园充满激情却又表面平静的回忆。

显然，阿尔勒并没有治愈画家的伤痛，与好友高更背道而驰的争吵，更是让梵高痛苦不堪，这一年，他愤怒地将自己的耳朵割下。

《丁香》

带着心灵和身体的创伤，梵高住进了圣雷米精神疗养院。情绪一直不稳定的他被要求不准走出疗养院大门。这样的规定对梵高来说，无疑增加了更多的压力和打击。1889 年，一直支持他的弟弟西奥结了婚，梵高感觉

《丁香》作者：梵高

到亲人离他越来越远，骚动不安的情绪充满着全身。在疗养院的花园里，他对着灌木丛创作了这幅《丁香》。

生长在灌木丛中的丁香，在梵高的笔下开着蓝色的小花。印象派独有的画笔画法，将丁香的叶子刻画得入木三分，带着动感，仿佛在风中摇曳着。梵高将丁香的叶子用颜料加色、加厚，像浮雕的感觉。这样做，不仅更加立体地突出了叶子的茂密，而且增加了画面的表现力和灵动感。

风中的丁香，正是此刻画家的心境，他焦躁不安，对生命的渴望，被现实折磨的痛苦，就像这被风摇摆的丁香，没有办法自己掌控方向。《丁香》传达着梵高在圣雷米紧张恐惧的心境。

《茅舍》

1890 年，梵高来到瓦兹河畔的奥威尔，接受保罗·加舍医生的治疗。他住在医生位于田园边的家里。在那里，他经常来到豌豆田里散步、绘画，这期间他常常携带一把手枪，用来吓唬周围打扰他创作的鸟群。

《茅舍》作者：梵高

7 月 27 日傍晚，梵高再次来到豌豆田，他将平时驱散鸟群的手枪对准了自己的心脏，结束了生命。而 2 个月前的作品就预示着这一刻的到来。

《茅舍》是画家在 5 月份的时候创作的，初看，整幅画面充满着安静的气氛和美丽的颜色。在田园中的茅舍，错落有致，给人第一感觉是一幅标准的田园风格的作品。可是，画面中茅舍有着红色房顶，豌豆田起伏，白云飘动，画面开始出现紧张不安的情绪，田野里刮起了大风，树被吹歪，茅舍里升起的炊烟被吹得失魂落魄，画中的一切都在向画面的左上角奔去，天空的云也快要被吞噬，取而代之的将是一场暴风雨。这也许是画家当时心境最具体的表现吧，那种不能言语的身心苦楚，折磨得梵高痛不欲生。如果加舍医生和西奥老弟能早点看出这幅画中隐藏的危险，是不是就不会有悲剧的产生呢？

梵高的离去，让西奥十分内疚。不久，西奥在过度悲痛和精神失常中辞世。兄弟俩深厚的感情，让世人为之动容和惋惜。如今两人依旧不离不弃，长眠在瓦兹河畔奥威尔公墓里。

《捧着果实的女子》

保罗·高更原本与文森特·梵高关系甚好，可是后来由于他们在绘画观点上出现分歧，特别是在梵高住在阿尔勒期间，高更去看望他，他们又再次为各自的观点大肆争吵，而导致梵高割下了自己的耳朵。之后，他们就分道扬镳了。

高更厅

与同一时期其他画家相比，高更更愿意离开纷扰的城市，去往世外桃源般原始的地方寻找灵感。1891 年，他选择了塔希提。

带着自己所有的积蓄和对艺术的热情，他来到了塔希提，这块只有土著人居住的地方。高更的艺术热情得到极大的挥洒，他将视角放在了当地土著民的身上，创作了一系列独具特色的画作。埃尔米塔什收藏的都是高更在这一时期创作的作品。

眼前的这个女子，想必大家看过之后一定会记住她黝黑的皮肤和丰厚的嘴唇。果实代表着孕育，和这样一个健硕的女性形象互相辉映着。周围的居民表现出一种怡然自得的神情。就在女主角的背后，有一位白衣女子抱着一个孩童，据说当时高更还将宗教带到了塔希提，这位白衣女子和怀中的孩子很可能是圣母和圣子的寓意。

《捧着果实的女子》作者：保罗·高更

《静物画》

在保罗·塞尚看来，物体的几何感是从色调之间的相互关系中产生的，因而线条、光线，在绘画中，并不存在。这样的观点，我们可以从他的画中找到更好的解释。

塞尚在经过了印象派的洗礼之后，在自己的画里注入了古典主义画派那种对事物写实的描绘方法，使之更具质感。塞尚的静物画也体现了这一点。

作品中完全没有印象派的笔触，真实地记录了果盘、水果，以及安放处周围的布景、茶壶、帘子，耷拉在桌面的布，生动具体。只不过塞尚的画没有像古典主义画派那样用光线和阴影重叠的表现手法，而是使用暖色

《静物画》作者:保罗·塞尚

调和冷色调相互更替,通过颜色表现了主题。

野兽派

20 世纪初,1901~1906 年间,巴黎经常举行综合性的画展。文森特·梵高、保罗·塞尚、保罗·高更等的作品在这样一次次的展出中走进人们的视线,并被大家所接受。这些大师在艺术上的想法和成就对一些画家产生了影响,在手法上也是一种解放。于是这些画家们开始尝试更多更新的风格,并且带着些激进的情感。

文森特·梵高在谈论自己的作品时曾经说过:“我不是极力去描绘我眼前所看到的东西,而是完全随心所欲地使用色彩,这样能更多地表达我自己的情感”。梵高的想法在这些画家当中受到推崇,进而一步步发展。这些画家们开始大胆地使用颜色,用一种粗狂的笔法展现情感的力量。于是由大块浓郁的色彩、简单粗放的线条组成的绘画在 1905 年巴黎秋季美术沙龙展出中吸引了大家

马蒂斯厅

上:《舞者》马蒂斯
下:《乐者》马蒂斯

的视线。

在展示大厅中，一尊来自 15 世纪多那太罗的雕像仿佛和周围的情景不太搭调。一位名叫路易·沃塞尔的批评家站在大厅里，他看到一幅幅感觉是用纯色颜料随意涂抹成的油画大吃一惊。批评家指着雕像惊呼“这像是多那太罗被野兽给包围了！”这一句戏言，使西方美术史上出现了一个崭新的流派——野兽派，作为这个画派的灵魂人物，马蒂斯从此名声大噪。

《对话》

这是亨利·马蒂斯（1869～1954年）在1909年创作的家庭自画式的作品，叫做《对话》。这幅作品早期存放在莫斯科的舒金（shchukin）收藏馆里收藏，之后又在莫斯科新西方艺术博物馆展出，最后于1948年，落脚于埃尔米塔什博物馆的马蒂斯厅。

画面中穿着随意、家庭装束明显的就是画家本人了，而对面，坐在椅子上的就是马蒂斯温柔贤惠的夫人。油画讲述的是画家生活中的一个小片段，和夫人之间的对话。

画面继续延续马提斯野兽派的作风，大胆的用色，明快的对比，粗犷的描绘，强烈的渴望艺术情感的表现力，颜色极度地敲响了视觉的节奏。

整个画面所用的颜色不到10种，这和马蒂斯一生都在色彩上追求一种单纯原始的稚气是分不开的，他认为“色彩的目的，是表达画家的需要，而不是看事物的需要。”对马蒂斯艺术生涯影响最大的，他的老师奥古斯塔夫·莫罗（1826～1898年），也曾对马蒂斯说过“在艺术上，你的方法越简单，你的感觉越明显。”正是这句话引导了马蒂斯的绘画风格，使他能够

《对话》作者：亨利·马蒂斯

用简洁的线条和鲜明的色彩塑造出他所构想的一切，对他终生的艺术创作产生了深远的影响。

我们可以看到，马蒂斯的夫人坐在从画面房间的蓝色背景中延伸出来的一把椅子上，夫人穿着绿色领子的黑色连衣裙，而夫人黑色的连衣裙与房间的蓝色墙面相对比，无疑是耀眼的。这些大块单一的用色，降低了线条的生硬。夫人旁边可以看到花园的窗口，一排黑色的栏杆很是醒目，栏杆的图案具有阿拉伯式的风格，这个细节也和马蒂斯人生经练是息息相关的。画家在其中年时期非常喜欢中东的文化，并且还游历北非国家，接受阿拉伯文化的醺染，这些对画家后期创作产生了极大的影响，在他晚期创作的作品中都有表现，比如，《阿拉伯式聚会》等。在整幅画的最中心，我们可以看到一扇窗户，设计这扇窗户在对话的两人中间是巧妙而煞费苦心的，不仅将空间延伸到屋外的花园，同时也衬托出画家马蒂斯和夫人生活环境的惬意。这个窗口展现给我们的色彩对于房间内的大片蓝色又是一个强烈的对比，在一个抽象的二维环境中放置一个花园，充满着情感和空间的共鸣。画家将自己塑造成一觉醒来的样子，穿着舒适的睡衣，简单的发型，随意的姿势，两人在看似不和谐的画面中被窗外及房间的色彩平衡，最终获得了可以是感性也可以是理性的轻松的对话。

《红色房间》

野兽派画家，总是让色彩服务于艺术，马蒂斯的这间《红色房间》也不例外。

大面积的红色让这间房间充满着温暖好客的氛围，墙面上、桌面上的装饰散发着生命的活力，仿佛这是个露天的大自然场景。而画面左上的窗户告诉了我们，那才是真正的大自然，而且有幸没有被这大面积的红色淹没。

女仆在准备餐点，桌上散落着一些果子，鲜艳的颜色和这桌布相互辉映，一切都是那么自然地从生活中流淌出来。窗外的花园好像是初春的样子，小树开了花，地面上零星点缀着的可能是小花，也可能是初春的小雪，

《红色房间》作者：亨利·马蒂斯

《红色房间》细节露出的绿色部分

因为在野兽派马蒂斯的眼里，他看到的即便是物体，也要用代表情感的色彩表现出来，这就是野兽派毕生追求的，将情感转化成色彩。

1908年，第六届秋季沙龙展上，一幅《蓝色的和谐》引起了莫斯科收藏家谢尔盖·修根的注意，“蓝色的和谐”，在我们想来，那一定是曼妙的各式各样的蓝色在大师手中挥洒着，可是，并不完全是这样，画面却是被大面积的绿色占据着，只有布帘是鲜艳的蓝色，马蒂斯觉得蓝色溶在绿色里，是一种和谐和生动的场面。谢尔盖·修根喜欢这样的视觉冲击，于是订购下来。可是当收藏家打开运来的作品，却出现了惊喜。这幅名为《蓝色的和谐》的画作，变成了更加冲击视觉的《红色房间》。马蒂斯将房间里原本蓝色和绿色的组合直接用红色涂满，他认为最适合绿色的，仍然是红色。并且用红色的果实、蓝色的墙面和桌面装饰画创造出了更为惊人的色彩和谐。如今，当我们靠近这幅《红色房间》，在画面的边缘，我们还能发现《蓝色的和谐》里留下来的一抹新绿。

《全家福》

在这幅画作里，马蒂斯用新的表现手法来描绘传统的题材。

那个时代，作画本身不仅在于画家的情感表达，更多的是记录一个时代的印记。照相机的出现，对于肖像画家来说无疑是重重的打击。这个通过玻璃片和一系列复杂零件组成的方盒子，在短短一瞬间，就能将模特印记在一张小卡片上，然后再经稍微处理，就能看到自己的模样。这对于作画来说，实在是太便利了。所以，照片的普及，在极大程度上影响了画家的发展。于是马蒂斯提出，绘制肖像画，一定要将注意力集中在色彩的调配上，利用色彩之间的互相辉映，表现出空间和情感。

《全家福》再次验证了马蒂斯的观点，并且确实受到好评。孩子和妻子在客厅里各自做着自己手中的事情，充满生活的画面，在周围热闹的色彩里流露出一种舒适和安静。黑色衣裙是女主人的沉稳，黄色花裙是女孩子的羞涩，红色衣裤是男孩子的活力，这样鲜明的色彩融合在房间里，传达出一种对生活的热爱和希望。

《全家福》作者：亨利·马蒂斯

后 记

俄罗斯是一个文化艺术之邦，如果问起 20 世纪 70 年代之前出生的中国人，大部分人都能朗朗上口几句俄罗斯歌曲，或者举出几位作家、画家、音乐家，等等。中苏关系发生变化之后，文化也被截流了，在一段空白时期，俄罗斯的文化虽然没有被中国人所知，但是她仍然以其自身的规律，特点不断地更新。

10 年之前，在飞往莫斯科的飞机上，满怀梦想却也带着忐忑的五个孩子，为以后的路程互相祝福干杯。10 年之后，坐在电脑前敲着键盘，带着对俄罗斯那种特殊的感情，用自己的亲身体验和感受，描写俄罗斯的种种，文化、艺术、体验、生活。眨眼间的光阴，在俄罗斯圣彼得堡生活了10年。读了医学，拿了文凭，这些都不足以代表俄罗斯的精华。那一幅幅的油画，一座座的雕塑，那渗入到骨子里的艺术气息却是一直向往追寻的。

夏天的圣彼得堡被称为不夜之城，白天霸占着黑夜，时光犹如静止般。朋友们聚在一起，弹吉他、喝啤酒、聊心事，青春的记忆散落在圣彼得堡的每个角落。留学生活是一个围城，看似美好的背后，一定也要付出艰辛。打工是必备的。

在一次偶然的机会中，有幸接到了陪同上海交通大学代表团圣彼得堡一行的任务，在短短的 4 天中，能和陈刚教授、韩建民社长、李广良主任还有陶小红老师接触交流，受益匪浅。在他们的鼓励下，让我萌生了将这些年的生活感触记录下来的想法。这座城市保存了我初生牛犊不怕虎的冲劲，记录了我一路的辛酸甜蜜种种感触。可以说比起老家桂林我更加熟悉她的街道，她的变化，她的一切，但她却不是我的家乡，这是种多么复杂的感情啊。

要说圣彼得堡的文化代表，我想冬宫是首屈一指的。这里是文化艺术的集合。她的出现和壮大影响着俄罗斯的文化发展。每个到俄罗斯、到圣彼得堡访问的来客，冬宫是必访之地。我将所知道的冬宫记录在这本书里。不是艺术科班出身，只单凭对它们的喜爱和热情，通过阅读各方面历史，收集资料，加注感受汇集成一本小书，希望能有抛砖引玉的作用。

在此，感谢上海交通大学出版社给我这个难得的机会，感谢陈刚教授对我的启发、韩建民社长的鼓励，还有李广良主任、李旦编辑的帮助。当然，还有在背后默默支持我不止10年的爸爸、妈妈、妹妹以及在整个写作过程中支持我、帮助我的丈夫杨飞先生。他是我这10年最最重要的收获。

谨以此书献给我的父母亲人及朋友，感谢他们为我所做的一切。

作者与冬宫馆长M·P·彼奥特洛夫斯基